银行业信息化丛书

人工智能在商业银行的应用与实践

王铿 王丽静 等编著

Application and Practice of Artificial
Intelligence in Commercial Banks

图书在版编目（CIP）数据

人工智能在商业银行的应用与实践/王铿等编著. —北京：机械工业出版社，2023.1
（银行业信息化丛书）
ISBN 978-7-111-72452-0

I. ①人… II. ①王… III. ①人工智能 – 应用 – 商业银行 – 研究 IV. ①F830.33-39

中国版本图书馆CIP数据核字（2022）第255492号

在以数字化、信息化为主的工业3.0时代，人工智能取得了飞速发展并正引领着社会高速发展，推动社会迈向以智能化著称的工业4.0时代。随着商业银行的全球化发展以及信息科技的深度应用，商业银行和人工智能呈现出互相促进的态势。但不容忽视的是，在智能化转型的过程中，对人工智能所引发的风险必须引起重视，如何规避可能产生的风险，提出有效的解决方案，使所有相关流程合法合规，也是商业银行在社会发展中必须考虑的事。本书核心部分详细介绍了人工智能在商业银行的应用实践，有利于具体指导商业银行人工智能体系的建设，填补国内相关经验分享的空白。

人工智能在商业银行的应用与实践

出版发行：机械工业出版社（北京市西城区百万庄大街22号　邮政编码：100037）
策划编辑：杨熙越　　　　　　　　　　　　　责任编辑：杨熙越
责任校对：丁梦卓　张　征　　　　　　　　　责任印制：郜　敏
版　　次：2023年5月第1版第1次印刷　　　印　　刷：三河市国英印务有限公司
开　　本：185mm×260mm　1/16　　　　　　印　　张：13.25
书　　号：ISBN 978-7-111-72452-0　　　　　定　　价：79.00元

客服电话：（010）88361066　　　　　　　　版权所有·侵权必究
　　　　　（010）68326294　　　　　　　　封底无防伪标均为盗版

前言

在以数字化、信息化为主的工业3.0时代，人工智能取得了飞速发展。从2016年谷歌AlphaGo击败人类棋手，到2022年OpenAI发布火爆全球的ChatGPT聊天大模型，人工智能在多领域实现技术突破，并逐步渗透进各行各业。人工智能技术正引领社会高速发展，推动社会迈向以智能化著称的工业4.0时代。这对包括商业银行在内的传统行业是一次冲击，更是一次机遇。

随着商业银行的全球化发展、信息科技的深度应用，商业银行和人工智能呈现出互相促进的态势。一方面，人工智能的应用推动着商业银行的智能化与虚拟化发展，不断地提升用户体验，丰富金融场景；另一方面，商业银行在日常工作中进行着海量金融数据的流通与存储，且由于其严谨的业务、可靠的数据，商业银行天然成为人工智能应用落地的沃土。但不容忽视的是，在智能化转型的过程中，人工智能作为一种新兴技术，如何规避其可能产生的风险，提出有效的解决方案，使所有流程合法合规，也是商业银行必须考虑的事情。

现代商业银行对信息科技的高度依赖，使得信息科技风险越来越成为银行风险管理的重要内容。因此，在商业银行的信息科技体系中，必须建立健全人工智能体系来支撑全行智能化发展。在技术应用侧，构建性能过硬的人工智能平台，并依托自身的技术优势，不断完善和优化体系架构。在业务场景侧，深度挖掘人工智能的应用场景，推进人工智能技术的落地实施，使银行具有更高效的客户服务、更精准的产品营销、更完善的风险防控。技术创新和业务创新双轮驱动，为商业银行的全球化、综合化发展提供有力的技术支撑和业务保障。一套成熟的技术体系建设须不断探索、久久为功，国内迫切需要一本能够指导商业银行人工智能体系建设的图书，为填补国内相关经验分享的空白，我们特别编写本书。

本书共包含6章。其中第1章是人工智能概述，介绍了金融科技这个领域的概况，包含人工智能技术的发展及其与商业银行的结合。第2章介绍了目前商业银行中落地应用的人工智能技术，包括基本概念、基本流程与典型算法，有利于读者在学习之余进行进一步探索。第3章到第5章是本书的核心部分，详细介绍了人工智能技术在商业银行的应用实践。其中，第3章描述了各种人工智能技术的应用策略；第4章通过将人工智能架构分为感知和认知，给出了总体与各细分领域的开放平台构建架构参考；第5章则介绍了各项人工智能技术在商业银行下的最终应用形态，涵盖了智能客服、智能渠道、智能营销、智能投资、智能风控、智能运营等场景的业务背景、技术手段及产生的业务价值。第6章内容为在人工智能技术的高速发展下，商业银行的多种智能应用的变化，以及对商业银行和人工智能技术进一步结合的展望。

本书由中国银行软件中心编写。中国银行软件中心负责中国银行的应用软件开发、应用软件质量控制、应用系统维护工作，自1992年5月成立以来，一直致力于服务并支持中国银行的全球化发展，具有多年从事商业银行一线信息系统建设的丰富经验和实践优势，对人工智能技术与商业银行的结合有着深入的理论研究和应用基础，使得本书内容更符合金融行业从业人员的实际需要。

本书由中国银行软件中心王铿总经理负责总体编写，中国银行软件中心王丽静副总经理负责全书统筹，刘述忠主任工程师和刁凤圣、杨春明、郭铸、王润元等专家负责编审组织工作。中国银行软件中心吴平凡、丁锐、张静、闫佳丽、宋雨、庄恩瀚、廖旺胜、霍雨佳、申亚坤、徐晓健、吴文建、姚清华、申国玉、张亚泽、李福洋、李瑞男、李敬文、王畅畅、陈欢、夏理、万明霞、方科、高进、程尧、赵明月、徐瑞邯、丁秀梅、刘中梅、张天航、王冠华、文国军、王欣、张海鹏、陈园园以及中银金融科技有限公司董旭、唐旗等专家承担了具体的编写工作。对于书中可能存在的问题或错误，敬请读者批评指正。

目录

前言

第1章 人工智能概述 /1

1.1 人工智能技术 /1
    1.1.1 人工智能的概念 /1
    1.1.2 人工智能的发展 /2
    1.1.3 金融科技的发展 /3

1.2 人工智能的应用 /5
    1.2.1 人工智能的应用领域 /5
    1.2.2 人工智能在商业银行的应用 /7

第2章 商业银行常用人工智能技术简介 /13

2.1 机器学习技术 /13
    2.1.1 主流算法介绍 /14
    2.1.2 建模流程 /15

2.2 语音处理技术 /16
    2.2.1 语音识别 /16
    2.2.2 语音合成 /18

2.3 自然语言处理 / 18
    2.3.1 基础技术 / 18
    2.3.2 应用介绍 / 19

2.4 知识图谱技术 / 21
    2.4.1 图谱构建 / 22
    2.4.2 知识应用 / 23

2.5 生物特征识别技术 / 25
    2.5.1 人脸识别 / 26
    2.5.2 虹膜识别 / 26
    2.5.3 静脉识别 / 26
    2.5.4 声纹识别 / 27

2.6 计算机视觉技术 / 28
    2.6.1 基础技术 / 28
    2.6.2 OCR 技术 / 29

2.7 联邦学习技术 / 31
    2.7.1 横向联邦学习 / 32
    2.7.2 纵向联邦学习 / 32
    2.7.3 联邦迁移学习 / 33

第 3 章 商业银行应用策略 / 35

3.1 人工智能技术的应用方法 / 35
    3.1.1 机器学习应用类型 / 37
    3.1.2 智能语音识别应用类型 / 41
    3.1.3 自然语言处理应用类型 / 42
    3.1.4 知识图谱应用类型 / 44
    3.1.5 生物特征识别应用类型 / 47
    3.1.6 计算机视觉应用类型 / 49

3.2 人工智能应用的评价 / 50
- 3.2.1 感知评价指标 / 50
- 3.2.2 认知模型评价指标 / 51
- 3.2.3 数据集划分 / 52
- 3.2.4 评估指标 / 52

3.3 人工智能模型运营管理 / 58
- 3.3.1 人工智能模型生成 / 58
- 3.3.2 人工智能模型运营 / 59

3.4 人工智能应用中的风险因素 / 62
- 3.4.1 人工智能风险 / 62
- 3.4.2 金融人工智能应用的安全性 / 68
- 3.4.3 人工智能安全法律和政策 / 70

第 4 章 商业银行应用架构 / 81

4.1 人工智能应用架构简介 / 81
- 4.1.1 人工智能产业介绍 / 81
- 4.1.2 人工智能平台实施方法 / 84

4.2 感知智能平台架构 / 91
- 4.2.1 感知能力共享中心 / 92
- 4.2.2 生物识别平台 / 96
- 4.2.3 语音识别平台 / 97
- 4.2.4 自然语言处理平台 / 98
- 4.2.5 知识库平台 / 100
- 4.2.6 机器人平台 / 101

4.3 认知智能平台架构 / 102
- 4.3.1 基础数据层 / 105
- 4.3.2 软硬件资源层 / 105

            4.3.3　技术框架层　/ 105

            4.3.4　模型管理层　/ 108

            4.3.5　服务应用层　/ 109

    4.4　应用架构设计要点　/ 109

            4.4.1　应用架构设计　/ 109

            4.4.2　工程实践经验　/ 111

第 5 章　**商业银行应用场景及实践**　/ 114

    5.1　主要应用场景简介　/ 114

    5.2　智能客服　/ 120

            5.2.1　背景　/ 120

            5.2.2　主要用法　/ 120

            5.2.3　业务价值　/ 134

    5.3　智能渠道　/ 135

            5.3.1　背景　/ 135

            5.3.2　现状　/ 136

            5.3.3　主要用法　/ 137

            5.3.4　业务价值　/ 142

    5.4　智能营销　/ 143

            5.4.1　背景　/ 143

            5.4.2　智能推荐应用　/ 144

            5.4.3　智能推荐价值和展望　/ 147

            5.4.4　流失预警　/ 147

            5.4.5　智能投顾　/ 149

    5.5　智能投资　/ 149

            5.5.1　背景　/ 149

            5.5.2　高频交易　/ 150

5.5.3　程序化交易　/ 151

5.5.4　人工智能　/ 151

5.5.5　交易模式　/ 153

5.5.6　订单类型　/ 154

5.5.7　常见策略　/ 154

5.5.8　策略开发流程　/ 156

5.5.9　业务价值　/ 157

5.6　智能风控　/ 158

5.6.1　背景　/ 158

5.6.2　现状　/ 159

5.6.3　主要内容　/ 159

5.6.4　智能风控的风险传导体系建立　/ 170

5.7　智能运营　/ 171

5.7.1　运营的概念　/ 171

5.7.2　运营的趋势　/ 172

5.7.3　某银行智能运营的建设方案　/ 173

5.7.4　交易集约　/ 174

5.7.5　风控集约　/ 178

5.7.6　实物集约　/ 182

第6章　商业银行应用展望　/ 183

6.1　人工智能技术的发展及应用　/ 183

6.2　商业银行业务发展对人工智能的需求　/ 187

6.2.1　智能客服　/ 187

6.2.2　智能渠道　/ 188

6.2.3　智能营销　/ 188

6.2.4　智能投资　/ 189

6.2.5　智能风控　/190
　　　6.2.6　智能运营　/190
　6.3　人工智能应用的合规性　/191
　　　6.3.1　国际金融监管政策分析　/192
　　　6.3.2　国内金融监管政策分析　/194
　　　6.3.3　启示与变革　/195

结束语　/196

参考文献　/198

第 1 章

人工智能概述

人工智能（Artificial Intelligence），简称 AI，是最新兴的科学和工程领域之一。人工智能正式的研究工作在第二次世界大战结束后迅速展开，其历史和计算机相当，1956 年夏，以约翰·麦卡锡（John McCarthy）、马文·明斯基（Marvin Minsky）、克劳德·香农（Claude Shannon）和纳撒尼尔·罗切斯特为代表的一批有远见卓识的科学家在一起进行了为期两个月的达特茅斯会议（Dartmouth Conference），共同研究和探讨用机器模拟智能的一系列相关问题，并首次提出了"人工智能"这个术语。

近年来，以人工智能、大数据、区块链、云计算、物联网等为核心的金融科技发展迅速，显著提升了金融领域的业务效率，改善了用户体验，改变了商业模式。人工智能在金融领域的应用正在不断深化，机器学习、知识图谱、生物识别、机器人等人工智能技术在金融领域广泛应用，成为金融科技发展的重要推动力。

1.1 人工智能技术

1.1.1 人工智能的概念

根据中国电子技术标准化研究院发布的《人工智能标准化白皮书

（2018版）》给出的综合定义，人工智能是利用数字计算机或数字计算机控制的机器模拟、延伸和扩展人的智能，感知环境、获取知识并使用知识获得最佳结果的理论、方法、技术及应用系统。人工智能的基础是哲学、数学、经济学、神经科学、心理学、计算机工程、控制论、语言学等，所以，人工智能是一门综合学科。

在不同时期，不同研究者对人工智能的理解各有不同。历史上，人工智能研究者用不同的方法追寻不同的途径，从思考–行动维度和类人–合理维度组合成"像人一样思考""像人一样行动""合理地思考""合理地行动"四种研究途径。以人为中心的研究途径在某种程度上是一种经验科学，涉及关于人类行为的观察与假设。以理性为中心的研究途径涉及数学与工程的结合。

1.1.2　人工智能的发展

近十年来，伴随着高性能计算机、互联网、移动互联技术、大数据等的普及，加上计算成本下降，机器学习得到广泛应用，特别是深度学习技术在计算机视觉感知、语音识别和自然语言处理方向取得突破性进展；人脸识别、智能语音助手、智能客服机器人等应用层出不穷。

机器学习（Machine Learning，ML）是让计算机模拟和实现人类的学习行为，通过学习现有数据，让计算机获取知识和技能，总结相关规律和模式；当有新数据输入时，计算机可以通过之前的规律或模式给出合理判断或输出。

机器学习算法从学习方式上可以分为监督学习、无监督学习和强化学习。监督学习和无监督学习是根据学习数据是否有监督结果来划分的；监督学习需要大量的标注数据进行训练，而无监督学习则不需要大量的标注数据。强化学习则是以环境反馈为输入，以统计或动态规划等技术为指导的一种学习方法。常见的机器学习方法包括决策树算法、朴素贝叶斯分类器算法、逻辑回归算法支持向量机算法、随机森林算法、深度学习算法等。

从技术和时代发展来看，人工智能发展经历了三个阶段，分别是从1956年人工智能概念的提出到20世纪80年代的第一次人工智能发展阶段；从20世纪80年代到21世纪初的第二次人工智能发展阶段；自2006年以来的第三次人工智能发展阶段。第一阶段是以符号机制推理为基础，以基于规则的推理与学习为主要方法，其代表性成果为各类专家系统，如医疗诊断、石油勘探、电路诊断等。第二阶段是以连接机制为基础，以人工神经元网络为推理及学习的主要方法，其代表性成果为各种基于人工神经元网络算法实现的机器学习系统，如语音识别、人脸识别、指纹识别等。第三阶段是连接机制的进一步深化，以多层人工神经元网络为基础的深度学习为主要方法，其代表性成果为市场上获得广泛应用的各项深度学习系统，如自动驾驶系统、推荐系统、智能图像识别系统等。

1.1.3 金融科技的发展

金融稳定理事会（FSB）于2016年3月首次发布了关于金融科技的专题报告，其中对"金融科技"（Financial Technology）进行了初步定义：金融科技是指技术带来的金融创新，它能创造新的业务模式、应用、流程或产品，从而对金融市场、金融机构或金融服务的提供方式造成重大影响。

IOSCO（国际证监会组织）于2017年2月发布的《金融科技研究报告》，以主要支撑技术和典型应用场景为划分依据，将金融科技的发展历程划分为五个阶段（详见表1-1）。金融科技1.0的标志是商业银行内设IT机构，用来提高商业银行的运营效率，比较典型的是存款系统、信贷系统、清算系统；金融科技2.0的标志是移动云联网的应用，比较典型的是移动支付、普惠金融、云联网保险等；金融科技3.0的标志是IT新技术，例如大数据、云计算、人工智能、区块链等与金融紧密结合，在信息采集、投资决策、风控等方面带来传统金融的变革，比较典型的是大数据征信、智能投顾、供应链金融等。

表 1-1 金融科技的发展阶段

发展阶段	主要特征	主要技术	代表业态或应用	服务实体经济成效
金融电子化雏形阶段	计算机技术助力金融行业	计算机技术网络技术	银行内部系统	间接提高金融行业服务实体经济的效率
金融科技1.0起步探索阶段	IT金融	互联网技术	网上银行	提高金融行业服务实体经济的效率
金融科技2.0移动互联阶段	移动互联+金融	移动互联技术	手机银行、移动支付	满足实体经济重点领域和薄弱环节的普惠金融需求
金融科技3.0深入推进阶段	场景化金融、智慧金融	人工智能、大数据、区块链	智能投顾、智慧网点、区块链交易系统	推动金融供给侧结构性改革，全方位赋能实体经济高质量发展
金融科技展望阶段	各行业科技融合	5G技术物联网技术	更智能网点、可穿戴设备金融、AR/VR支付	助力"智能制造"，成为实体经济新增长点

2006年，我国商业银行迈入金融科技的探索阶段，即进入金融科技1.0，表现为"系统应用"和"内部信息化"。银行完成业务的集中处理，利用互联网技术与环境创新金融产品，开拓网上金融服务等。从"金融电子化"到"金融信息化"，绝不仅仅是概念变化的问题，更重要的是它预示着一个新时代的到来。

2014年，随着互联网公司走进金融领域，商业银行也加速拥抱金融科技。同年，中国人民银行印发《中国人民银行关于手机支付业务发展的指导意见》，该意见规范了手机支付业务。移动互联技术渗透到金融领域，催生了移动支付、P2P网贷、股权众筹、金融垂直搜索引擎等新应用和新业态。

2017年，"人工智能"首次出现在政府工作报告中，人工智能产业上升为国家战略。同年，中国人民银行成立了金融科技委员会，旨在加强金融科技工作的研究规划和统筹协调[1]。这标志着金融科技进入3.0时代，这个阶段以大数据、人工智能、区块链等前沿技术与传统金融业务场景的相互融合为基础。大数据提供了搜集、储存、处理、分析、可视化的新技术，打破了信息的不对称性，使商业银行能更直观地把握风险和收益。

2019 年，中国人民银行启动金融科技创新监管试点工作，积极构建金融科技监管基本规则体系，探索运用信息公开、产品公开、社会监督等柔性管理方式，努力打造包容、审慎的金融科技创新监管工具，着力提升金融监管的专业性、统一性和穿透性[2]。这标志着金融科技进入全新阶段，其不仅仅存在于商业银行，还存在于金融机构，并开始与其他系统对接。

2021 年，中国人民银行金融科技委员会会议在北京召开。会议强调 2021 年将出台新阶段金融科技发展规划，出台金融业数据能力建设指引，深化监管科技应用，健全金融科技监管基本规则和标准，实施金融科技赋能乡村振兴示范工程等。以深化金融数据应用为基础，以强化金融科技监管、加快金融数字化转型为主线，以风险技防能力建设为保障，全面提升金融科技应用和管理水平。

金融科技从 20 世纪 70 年代雏形阶段开始至今，经历了起步探索阶段、移动互联阶段、深入推进阶段，迭代更新不断加快，涉及业务不断拓宽，经济成效不断提高。金融与科技在不断融合的过程中已经越来越分不开了，科技在金融业中的比重越来越大，甚至呈现出科技引领的趋势。随着新兴技术在生产上的应用以及监管的规范，金融科技必将进入一个新的时代，成为实体经济的一个新增长点。

1.2 人工智能的应用

1.2.1 人工智能的应用领域

人工智能应用领域广泛，从学习、感知、认知等通用领域，到下棋、写诗、自动驾驶、机器翻译、疾病诊断等专门领域，都有人工智能的应用。

互联网公司和金融公司拥有非常多且非常有价值的用户行为和交易等数据,所以人工智能在互联网和金融企业中应用效果非常好。当然,随着人工智能技术对传感器和视频图像数据的有效处理,人工智能在智慧城市、智慧交通、智慧农业方面也取得了很好的应用效果。在安全领域,指纹识别、人脸识别被广泛应用于安全管理、便捷支付、机场和高铁安检等场景。在交通领域,自动驾驶汽车也广泛使用人工智能技术,特斯拉(Tesla)、宝马(BMW)、沃尔沃(Volvo)和奥迪(Audi)等汽车制造商都已经通过摄像头、激光雷达、雷达和超声波传感器从环境中获取图像,所研发的自动驾驶汽车可探测目标、车道标志和交通信号,从而保证安全驾驶。在农业领域,半自动联合收割机可以利用人工智能和计算机视觉来分析粮食品质,并找出农业机械穿过作物的最佳路径。另外也可用来识别杂草和作物,有效减少除草剂的使用。甚至在体育领域,人工智能被用于比赛和策略分析、球员表现和评级,以及跟踪体育节目中品牌赞助的可见性。

2017年,中国新一代人工智能发展规划公布了我国第一批国家人工智能开放创新平台,依托百度公司建设自动驾驶人工智能开放创新平台;依托阿里云公司建设城市大脑人工智能开放创新平台;依托腾讯公司建设医疗影像人工智能开放创新平台;依托科大讯飞公司建设智能语音人工智能开放创新平台。依靠技术和社会发展,凭借政策春风,中国人工智能在众多应用领域快速发展。

随着国内互联网和移动互联网的发展,在过去20多年累积了大量的数据,数据作为人工智能的能源、燃料,数据越多,AI发展越快,企业收益更大,从而收集更多的数据,达到一个良性循环。除各应用系统中产生的数据以外,实体世界中也会产生可供智能分析的各类数据,如各类监控摄像头,能够把真实世界捕捉起来,然后就可以进行人流统计、人员路径查询、异常行为检测和预警等有价值的应用，实现实体世界感知 AI 化。随着数据的积累和人工智能技术的发展，涉及数据和应用的安全、隐私、伦理得到了更多的关注，需要通过不同的技术手段和安全措施，构筑全方位、立体的安全防护体系，保护人工智能领域参与者的安全和隐私。

1.2.2　人工智能在商业银行的应用

随着"ABCD"（ABCD 指人工智能、区块链、云计算、大数据，其他新技术还包括物联网、5G 等）为代表的新兴技术在各个行业的应用落地，互联网金融也借助新兴技术迅猛发展，逐步推进金融服务转变为以客户体验为导向、以新兴科技为驱动、以互联网低成本扩张为手段的业务模式，为客户提供全渠道、无缝式、定制化的产品和服务，商业银行需要打造以自身业务为核心、融合科技创新的一体化金融服务新生态。

在新兴技术中，人工智能对商业银行的影响更为广泛，成熟的落地场景和应用更为丰富，主要包括智能客服、智能渠道、智能营销、智能投资和智能风控等。智能客服领域通过语音识别、自然语言处理、语音合成等，识别客户的对话内容，理解内容并完成相应回答、对应操作，如查询余额、转人工等服务；智能渠道领域，通过分析用户的属性、消费习惯等数据来构建全面的用户画像，推荐更符合客户的产品，提升客户响应率、降低营销成本；智能投资领域，通过分析产品特性、市场趋势预测、风险监控，进行投资建模，实现资产优化配置，为客户提供投研顾问、量化交易等服务。智能营销领域，建立全方位的客户画像，通过需求响应模型，提高营销效率的同时提升客户的忠实度和满意度，带动商业银行基金、理财、保险等重点产品的销售增长。智能风控领域，通过银行积累的历史数据，构建反欺诈、信用风险、事中风控、贷后风控等模型，重点关注识别异常交易和风险主体，多维度监控金融主体的信用风险和操作风险，避免银行资产损失的同时，为客户资产保驾护航。

依托于人工智能对金融科技和金融业务的赋能（赋予人类大脑的感知、认知能力），银行业的智能应用在用户交互、产品业务、后台运营等三大方面开展落地。感知方面，人工智能充当机器的"眼、耳、口"，赋能金融科技实现"看、听、说"感知功能。认知方面，通过学习金融领域的专业知识、金融数据，结合金融特定场景，人工智能应用在金融领域逐步细分和丰富。感知、认知能力在提升用户交互、产品业务、后台运营等方面的效率之外，也提升了产品业务、营销等方面的效能。

依托多样化的金融产品、丰富的客户资源及大量的金融交易数据，传统商业银行在用户体验、产品业务、运营管理和决策支持四大领域，不断深化人工智能技术应用，维护银行与客户间的良好关系，推出多样化的金融产品，提供更安全高效的金融服务，同时降低运营成本。

1. 用户体验

随着金融服务差异化升级，商业银行愈发重视金融交易的用户体验，而用户体验的提升主要体现在用户交互感知方面；在该领域可应用的人工智能技术包括计算机视觉、自然语言处理、语音识别等。计算机视觉技术作为眼睛接收图片、视频等数据并进行类别、内容识别，自然语言处理作为语义理解模块接收文本信息、理解文本的内容与情感、进行对应反馈，语音识别技术作为耳朵接收语音信号并将其转化为文本信息、内容识别、人声识别等。

用户交互感知中，计算机视觉技术应用到商业银行以实现客户的身份识别，身份识别包括人脸识别、声纹识别、虹膜识别、指纹识别等，可应用到手机银行登录、远程开户、刷卡、取款、VIP客户识别等多个场景中。金融科技通过融合包括去噪、不同语言识别建模、不同语言辨别、情感识别、智能推理等相关技术，实现语音转写工作、语义理解、问答服务、敏感词识别、情绪识别、实体识别等功能，落地到交互机器人、智能客服等金融场景。其中，语音转写工作为自助语音终端提供语音识别转化为文字的功能，可提升客户的交互体验。交互机器人、智能客服等，可理解客户的语音指示、回答客户相关问题、引导客户根据不同的业务来办理，同时通过知识图谱完成相应的知识推理，类似问题回答、推荐等功能，从而节省行内人工成本，让客服可以更专注于解决更复杂的问题并提升服务质量。

用户交互认知方面，主要为金融细分领域下，人工智能技术结合具体业务场景催生出不同的落地应用，如金融领域特有的智能支付（NFC、人脸支付、扫码支付），智能投顾等。衍生于互联网电商的用户个性化界面，手机银行基于客户的属性、使用习惯、产品偏好等实现了千人千面，打破之前的统一界面，保证每个客户的登录界面都不一样，极大提升了用户体验、服务效率、产品营销响应率。

2. 产品业务

随着人工智能技术发展，金融科技逐步实现对产品设计的精准化、对业务流程的优化。感知智能通过大数据、机器学习、深度学习感知客户、环境，实现对公、对私客户画像。认知智能通过图计算、机器学习、深度学习等技术，结合已有的金融数据、环境数据、业务知识，实现智能风控、智能营销、智能投研、智能合约等。

产品业务感知方面，人工智能辅助金融科技，通过全方位了解客户，完成对原有产品的完善，并对原业务的进一步优化。通用的人工智能技术结合大数据进行用户画像，从而为用户推荐更为精准、匹配的广告、产品、服务。借鉴于电商运营的个性化登录、推荐页面，金融科技也可根据用户习惯和喜好来使网银、手机银行的界面、广告实现千人千面的效果，支持用户兴趣爱好随时间变化的自适应迁移，在带来更好用户体验的同时，提升广告的转化率、扩大业务规模。自然语言处理、情感识别、知识图谱等技术与金融科技相融合，实现对金融市场、新闻时事、法律文书、其他公开资料等环境信息的感知、理解，将非结构化数据转化为结构化数据、知识图谱等，为后续的运营、决策、服务，如智能投研等提供支持。

产品业务认知中的智能风控，将业务知识、历史数据与经验嵌入应用和流程中，"重塑"贷款管理流程，对客户、交易等进行风险预测、欺诈识别、反洗钱，实现端到端的智能风控体系，从"人控"向"机控"转变，降低风险、提升风控效率。在具体的金融科技实践方面，在贷前、贷中、贷后，实现预授信额度测算、客户申请评分、行为评分、催收评分、企业360视图、集团客户识别、同一客户识别、企业关系网络图谱、基于NLP的智能检索、客户失联修复、多渠道联合监控预警等多个模型、功能，从而在风控的不同场景进行实际的应用落地。通过人工智能深度挖掘数据价值，突破传统产品和服务模式局限，"助推"营销体系智能化，面向不同的金融客户推出精准营销。人工智能在金融科技的实践，突破了传统营销模式的仅重点服务高端客户、营销对象广而泛的局限，实现顾及长尾客户、产品精准推荐。通过联合建模等分析客户生命周期，建立客户的流失预警模型、响应模型、个性化定价模型、基金产品推荐模型、保险推荐模型，实现获客、活客、留客等客户服务，进行精准、实时、全面的营销支持工作。

3. 运营管理

除面向客户的前端、业务产品外，人工智能技术也逐步辅助商业银行的内部人员，完成后台业务处理、后台运维等方面的工作。

后台运营感知方面，人工智能技术主要涉及机器学习、计算机视觉，帮助金融工作人员大幅提升工作效率、减少工作误差。由于金融行业在办理业务的过程中会积累大量的纸质票据、表单、身份证护照等的复印件、影像等，计算机视觉技术中的OCR可自动识别提取影像资料中的文字信息。通过OCR技术，业务人员不再需要重复将大量的纸质文件手动录入为电子信息。RPA作为"数字员工"可以帮助银行员工自动、高效地完成大量重复的工作。中国银行云南省分行于2019年引入RPA系统，实现对公账户全流程自动化管理、信用卡自动调额。广发银行则将RPA系统应用到对公账户开立报送人行、财务报表编制、高端客户服务排查、对账等业务场景，在2020年全辖推广后，节约了92%的人力成本。

后台运营认知方面，各大商业银行已经在其数据中心进行了智能运维的布局与应用，通过语义分析工单、实时分析应用数据，进行挖掘建模、模型迭代，让运维管理具备算法和机器学习能力，通过持续学习将运维人员从纷繁复杂的告警中解放出来，使运维变得智能化，提高运维效率，降低生产风险。智能运维主要是在资源交易趋势预测、智能预警、任务自动分配、跨系统智能分析等方面，分别实现提前预测系统资源趋势情况，智能过滤预警信息、提供准确的系统运行信息，提供丰富的算法组合自动匹配、分发，多个产品系统间问题准确定位等功能。中国农业银行通过全链路跟踪、监控整个系统的交易率、响应时间、成功率，快速定位到发生异常的具体环节，从而实现金融系统的智能运维。

4. 决策支持

随着大数据平台建设的逐渐成熟，人工智能技术也逐渐被商业银行用于智能决策支持，帮助商业银行获取宏观经济预测，客户管理、风险管理、绩效分析、实时营销等决策依据。

智能风控体系的建设，是商业银行将人工智能技术用于决策支持的典型。通过机器学习算法建立的风险特征模型，主动实时地监控异常设备、用户、账户、操作、交易等信息，根据监控结果采取不同处置措施，从而实现金融服务的实时反欺诈。依托风险数据集市及相关的数据平台，建立风险识别模型，为企业风险管理提供支撑，对企业股权、管理、担保和融资等不同维度绘制关联图谱，进行动态预警监控。利用资金业务的交易数据建立的金融分析模型，对银行交易账户的各种资金业务产品及市场数据进行模拟和回归计算，实现市场风险和操作风险的监控。使用机器算法提高名单检索和模型命中率，在交易链路、追踪资金流向、分析客户交易偏离度、发掘受益人等多种业务场景中，实现智能的反洗钱管理。商业银行利用人工智能技术，构建起智能的大数据风控体系及银行决策体系。

第 2 章

商业银行常用人工智能技术简介

人工智能经过了三次变革性的发展，从早期的依靠规则和逻辑，到如今的依靠海量数据与超强算力。算力的提升使得机器在短时间内处理语音、文本、图像等复杂数据并做出推断成为可能，数据的完备则让机器所做出的推断更加准确。特别是在深度学习算法上的发展，使得人工智能技术全面崛起，实现一个又一个技术突破，催生了金融行业一系列产品和业务模式的创新。

在金融领域，人工智能技术由认知智能和感知智能组成。认知智能，包括机器学习、知识图谱技术；感知智能，包括语音处理技术、自然语言处理技术、生物特征识别技术、计算机视觉相关技术。本章节将对这些技术的发展历程、技术原理、在金融领域的应用场景做具体的介绍。

2.1 机器学习技术

机器学习是指从有限的观测数据中学习具有一般性的规律，并利用这些规律对未知数据进行预测的方法。机器学习是人工智能的一个重要分支，并逐渐成为推动人工智能发展的关键因素。

2.1.1 主流算法介绍

1. 朴素贝叶斯分类器

朴素贝叶斯分类器（Naive Bayes Classifier，NBC）是一个非常简单，但是实用性很强的分类模型，有着广泛的实际应用场景，特别是在文本分类的任务中，包括互联网新闻的分类、垃圾邮件的筛选等。朴素贝叶斯分类器发源于古典数学理论，有着坚实的数学基础，以及稳定的分类效率。同时，朴素贝叶斯分类器所需估计的参数很少，对缺失数据不太敏感，算法也比较简单。理论上，朴素贝叶斯分类器与其他分类方法相比具有最小的误差率。

2. 支持向量机

支持向量机（Support Vector Machine，SVM）是 Corinna Cortes 和 Vapnik 等于 1995 年首先提出的，它在小样本、非线性及高维模式识别中表现出许多特有的优势，并能够推广应用到函数拟合等其他机器学习问题中。

支持向量机模型是在高维空间构造一个超平面，可以用于分类以及回归问题。支持向量机算法通常是通过构造一个 $n-1$ 维的超平面以将 n 维空间中的点分开，通常这个超平面被称为线性分类器。显然有很多分类器都符合这个要求，但是我们希望找到分类最佳的超平面，即使得属于两个不同类的数据点间隔最大的那个面，该面亦称为最大间隔超平面。如果我们能够找到这个面，那么这个分类器就被称为最大间隔分类器。

3. 逻辑回归

逻辑回归（Logistic Regression），又称逻辑回归分析，是一种广义的线性回归分析模型，常用于数据挖掘、疾病自动诊断、经济预测等领域。例如，以用户信用卡逾期分析为例，探讨用户信用卡逾期的危险因素，并根据危险因素预测用户信用卡逾期的概率等。选择两组人群，一组是逾期用户组，一组是非逾期用户组，两组人群必定具有不同的体征与生活方式等。因此，因变量就为用户是否会发生信用卡逾期，值为"是"或"否"，自变量可以包括很多特征，如年龄、性别、职业、收入、账单金额等。自变量既可以是连续的，也可以是分类的。然后通过逻辑回归分析，得到自变量的权重，从而预测用户发生信用卡逾期的可能性。

4. 决策树

决策树（Decision Tree）算法是一种基于树结构进行决策的机器学习方法。决策树是一种树形结构，其每个内部节点表示一个特征上的判断，每个分支代表一个判断结果的输出，每个叶节点代表一种分类结果。决策树模型相较其他算法来讲，更易于理解和实现，分类结果及分类过程能够直接体现数据的特点，使用者可理解决策树所表达的意义。

梯度提升决策树（Gradient Boosting Decision Tree）是一种迭代的决策树算法，应用广泛，可以用来做分类、回归。梯度提升决策树提出之初就和支持向量机一起被认为是泛化能力较强的算法。同随机森林算法一样，它也是集成算法的一种，组合多种弱分类器形成最终的分类模型，该算法由多棵决策树组成，所有决策树的结论累加起来得到最终答案，模型具备可解释性。

2.1.2 建模流程

通用的机器学习建模流程主要分为：数据预处理、特征工程、选择算法、调参、模型评估等阶段（参见图2-1），下面简要介绍各模块的职责。

原始数据：通过业务理解和数据采集获取。从业务角度理解问题的目标和业务要求、确定模型及建模方法，以及模型所涉及的相关数据。确定业务所需数据的采集方法和策略，实现对数据的采集和存储，同时熟悉数据、识别数据质量问题、探索数据第一认识，选取样本数据。

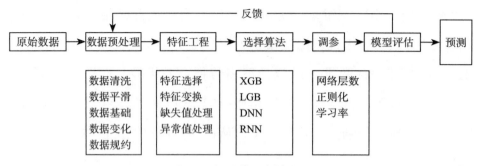

图 2-1 机器学习建模流程

数据预处理：保留关键字段，处理缺失数据、异常数据，去除重复数据、噪声数据。

特征工程：实施特征工程，依据业务目标、建模方法和技术，构建数据挖掘模型。

选择算法：从业务和理论角度评估模型，并利用优化方法对模型进行调优。

调参：从流程上实现模型及应用模型版本的管理。

当模型训练好后，确定模型部署所需的资源及性能要求，部署策略和方法，以及相应输入接口，输出接口，调用方式等，部署模型，对外提供服务。

2.2 语音处理技术

近二十年来，语音处理技术取得显著进步，开始从实验室走向市场。语音处理技术主要包括语音识别、语音合成等。

2.2.1 语音识别

语音识别技术，也被称为自动语音识别（Automatic Speech Recognition，ASR），其目标是将人类的语音转换为文本。

语音识别技术涉及数字信号处理、人工智能、语言学、数理统计学、声学、情感学及心理学等多学科交叉的科学。近年来，随着人工智能的兴起，语音识别技术在理论和应用方面都取得大突破，开始从实验室走向市场，并逐渐走进我们的日常生活。

语音识别受到国内外商业界和学术界的广泛关注，在无噪音、口音干扰情况下可接近人类水平。目前语音识别的技术成熟度较高，已达到95%的准确度，但背景噪音仍难解决，实际应用仅限于近距离使用。我国语音识别技术研究水平良好，基本上与国外同步，科大讯飞语音识别成功率达到97%，离线识别率亦达95%。此外，我国在汉语语音识别技术上还有自己的特点与优势，已达到国际先进水平。语音识别产品方面，微软、谷歌、亚马逊，以及国内的百度、科大讯飞等企业均推出了各自基于语音交互的产品，其中以输入法、车载语音、智能家居、教育测评最为普遍。

下面简单介绍一下语音识别技术的应用场景。

1. 智能语音问答

智能语音问答是自动语音识别最普遍的期望。要实现机器与人交流，关键在于语音识别与智能问答的组合。智能问答现在面临的理解难题和题库难题，导致智能问答还不够成熟，所以组合起来的应用更是困难重重。

最近在很多公司力推的App上，如灵犀语音助手、智能音箱等，使用语音识别技术，与用户进行对话、闲聊，解答用户的问题。在某银行的手机银行App上，也集成了语音搜索功能，用户可以通过语音输入，跳转到相应的页面，极大提升了用户体验。

2. 智能语音分析

对呼叫中心来说，除了大量的结构化数据之外，还有大量的录音，业界都认为这既是一个需要监控的高风险地带，也是一个值得挖掘的宝藏。但传统的技术无法对录音进行分析，只能靠人工去听，费时费力，分析的样本不够典型,质检覆盖率非常低。自动语音识别可以很好地解决这个问题,当运用语音识别技术将语音转成文字之后,就存在全量检查、分析的可能。最常见的应用场景是语音质检,具体做法是使用语音识别产品,将录音转化为文字,再从这些文字中寻找需要检查的内容。

2.2.2 语音合成

语音合成,又称文语转换(Text To Speech,TTS),与语音识别相反,是利用电子计算机和一些专门装置模拟、制造人类语音的技术,即将文本转换成语音。

目前业界的语音合成技术主要基于领先的深度学习技术,提供高度拟人、流畅自然的语音合成服务,支持在线、离线多种调用方式,满足泛阅读、订单播报、智能硬件等场景的语音播报需求。

语音合成技术经过多年的发展已经逐步成熟,合成的语音已经达到播音员的水平。目前在互联网上,科大讯飞、百度等为人们提供免费的在线语音合成服务。

2.3 自然语言处理

自然语言处理,即自然语言和处理,是指用计算机对自然语言的音、形、义等信息进行处理,即对字、词、句、篇章的输入、输出、识别、分析、理解、生成等操作和加工,以期实现人与计算机之间用自然语言进行有效的通信。

2.3.1 基础技术

自然语言处理技术的核心是语义理解技术。语义可以分成两部分:研究单个词的语义(即词义)以及单个词的含义是怎么联合起来组成句子(或者更大的单位)的含义,语义研究的是词语的含义、结构和说话的方式[3]。即自然语言处理技术的基础包括词法分析、句法分析和语义分析。

词法分析技术包括中文分词和词性标注等。句法分析是对输入的文本句子进行分析得到句子的句法结构的处理过程。语义分析的最终目的是理解句子表达的真实语义，也可以从词、句、篇章的颗粒度进行归类。

在实际执行自然语言处理任务时，对基础技术的运用往往采用级联的方式，即按分词、词性标注、句法分析、语义分析分别训练模型。给定输入句子，逐一使用各个模块进行分析，最终得到所有结果。近年来提出了很多有效的联合模型，将多个任务联合学习和解码，如分词词性联合、词性句法联合、分词词性句法联合、句法语义联合等，取得了不错的效果。

2.3.2 应用介绍

依托于词法分析、句法分析和语义分析这三大基础技术，面向不同的场景，可以提供自然语言处理领域主要的应用能力服务，包括：文本分类、文本摘要、问答系统等。

1. 文本分类

文本分类是文本处理中非常重要的一个场景，和其他分类一样，通过有监督学习的方法，从需要人工标注的语料训练中得到分类器，然后从文本信息中提取分类数据的特征，然后选择最优的匹配，从而分类。情感分析，也叫观点挖掘，是自然语言处理领域研究的主要问题之一。它主要研究人们针对实体（包括产品、服务、组织、机构、事件、话题等）表达出来的主观观点、情感、评价、态度和情绪。在学术界，情感分析方向的研究主要集中在四个方面，即情感分类、评价点抽取、观点概括以及垃圾观点识别。其中情感分类是情感分析领域研究最广的问题，本质上也是一种文本分类问题。

2. 文本摘要

文本摘要是将大量文本进行处理，产生简洁、精炼内容的过程。文本摘要有非常多的应用场景，如自动报告生成、新闻标题生成、搜索结果预览等。此外，文本摘要也可以为下游任务提供支持。我们可通过阅读摘要来把握文本主要内容，这不仅大大节省时间，更提高阅读效率。传统生成文本摘要的方式是由人工提取生成文本摘要，但人工提取耗时又耗力，已不能满足日益增长的信息需求，因此借助计算机进行文本处理的自动文摘应运而生。

对计算机而言，生成摘要是一件很有挑战性的任务。从一份或多份文本中生成一份合格摘要，要求计算机在阅读原文本后理解其内容，并根据轻重缓急对内容进行取舍，接着裁剪和拼接内容，最后生成流畅的短文本。因此，自动文本摘要需要依靠自然语言处理/理解的相关理论，是近几年来的重要研究方向之一。

伴随深度神经网络的兴起，基于神经网络的生成式文本摘要得到快速发展，并取得了不错的成绩，但由于生成式自动摘要方法需要复杂的自然语言理解和生成技术支持，应用领域受限。

3. 问答系统

问答系统是直接从文档、对话、在线搜索和其他地方提取信息，以满足用户的信息需求。问答系统不是让用户阅读整个文档，而是输出简短而贴切的答案。如今，问答系统可以非常容易地与其他 NLP 系统结合使用，并且一些问答系统甚至超越了对文本文档的搜索，可以从图片集合中提取信息。问答系统通常分为任务型机器人、闲聊机器人和解决型机器人（客服机器人），三者的设计分别针对不同的应用场景。

1）任务型机器人，主要用于完成用户的某些特定任务，比如：机票购买、话费充值或者天气咨询。

2）闲聊机器人，主要用于深入地和用户进行无目的交流。

3）解决型机器人，用于解决用户的问题，比如：商品购买咨询、商品退货咨询等。

2.4 知识图谱技术

知识图谱本质上是一种揭示实体之间关系的语义网络，是基于图的数据结构，由节点（Point）和边（Edge）组成。在知识图谱里，每个节点表示现实世界中存在的"实体"，每条边为实体与实体之间的"关系"。通俗地讲，知识图谱就是把所有不同种类的信息连接在一起而得到的一个关系网络（参见图 2-2）。知识图谱提供了从"关系"的角度去分析问题的能力。为海量、异构、动态的大数据表达、组织、管理以及利用提供了一种有效的方式，使得机器智能化水平更高，更加接近人类的认知思维。

图 2-2　知识图谱可视化图

2.4.1 图谱构建

知识抽取是构建知识图谱的基础阶段,即从不同结构和不同形式的数据中提取知识,并且把知识最终添加到知识图谱中。

大量的知识存储于非结构化数据源中,对于该数据源,一般有以下几个子任务:实体识别、实体链接、关系抽取、事件抽取。

1. 实体识别

实体识别即抽取出文本或句子中的实体,通常包括时间、地点、人物、机构等,具体的实体类型可以依据具体任务的不同进行实际调整。实体识别任务主要包括两个子任务:检测和分类,即找到文本中的实体并进行分类。实体抽取任务可以作为一个序列标注问题来处理,一般可以使用传统机器学习和深度学习方法来完成。

2. 实体链接

实体链接就是将句子中识别出的实体与知识库中的对应实体进行关联,实体链接涉及实体识别、候选实体生成、候选实体消歧等过程。对于非机构化的文本,通过命名实体识别能够识别出文本中所有的实体,从而得到一个实体列表,但是这些实体可能是模糊的、错误的,或者是知识库中实体的替换表示方法,因此需要对实体列表生成候选实体,生成的方法有通过搜索引擎查询、表层名字扩展、构建查询实体引用表等方法,这样每个实体都可能生成多个候选实体项,此时需要对候选实体进行消歧,确保唯一实体,这样才能与知识库中的实体进行链接。

3. 关系抽取

关系抽取是从非结构化数据源中提取出实体之间关联关系的过程,它是面向非结构化数据源知识获取的重点任务之一。

随着机器学习的不断成熟,越来越多的人采用监督学习的方法进行关系抽取，在给定实体关系双方的情况下，可以根据上下文对实体关系进行预测。

4. 事件抽取

事件抽取是从描述事件信息的文本中抽取出用户感兴趣的事件并以结构化的形式呈现出来。事件抽取的一般步骤是首先识别出事件及其类型，其次要识别出事件所涉及的元素（一般是实体），最后需要确定每个元素在事件中所扮演的角色。

2.4.2 知识应用

在商业银行中，知识的应用主要集中于语义搜索和知识问答。

1. 语义搜索

什么是语义搜索？万维网之父 Tim Berners-Lee 的解释是：语义搜索的本质是通过数学来摆脱当今搜索中使用的猜测和近似，并为词语的含义以及它们如何关联到我们在搜索引擎输入框中所找的东西引进一种清晰的理解方式。

以前常用的搜索是基于文档的检索。信息检索支持对文档的检索，它通过轻量级的语法模型表示用户的检索需求和资源内容，如 AND、OR，即目前占主导地位的关键词模式：词袋模型。它对主题搜索的效果很好，但不能应对更加复杂的信息检索需求。

语义搜索答题可分为两类：一种是 DB 和 KB 系统，属于重量级语义搜索系统，它对语义显示的和形式化的建模，例如 ER 图或 RDF（S）和 OWL 中的知识模型，主要为语义的数据检索系统。另一种是基于语义的 IR 系统，属于轻量级的语义搜索系统。采用轻量级的语义模型，例如分类系统或者辞典，语义数据（RDF）嵌入文档或者与文档关联。它是基于语义的文档检索系统。

2. 知识问答

在知识问答中，首先可以通过对问题类型的理解来明确问答目标。问答系统可以针对问题类型，选择对应的知识库、处理逻辑来生成答案。问题分类体系在很大程度上按照目标答案的差异而区分，所以这里将问题类型和答案类型合并，统一考虑为问题类型。通过对问题类型（也就是用户问题所期望的答案类型）的分析，问答系统可以有针对性地选择有效的知识库和处理逻辑解答一类问题。

知识问答的难点在于语义的解析和正确的意图理解，知识问答的实现有以下几种实现方法。

（1）基于信息检索的方法

利用中文分词、命名实体识别等自然语言处理工具找到问句中所涉及实体和关键词，然后去知识资源库中进行检索。该方法简单，应用范围广，但是它要求答案中必须至少包含问句中的一个字或词，所以不如语义解析方法精确。

（2）基于语义解析的方法

基于语义解析的方法非常符合人们的直觉，它将一个自然语言形式的问句，按照特定语言的语法规则，解析成语义表达式，在得到语义表达式之后，即可非常容易地将其转化为某种数据库的查询语言。首先自然语言问句的词汇被映射到语义表达式中的词汇，然后按照特定的规则将词汇组合起来，进而得到了最终的语义表达式。

（3）基于深度学习的方法

近几年卷积神经网络（CNN）和循环神经网络（RNN）在 NLP 领域任务中表现出优秀的语言表示能力，越来越多的研究人员尝试用深度学习的方法完成问答领域的关键任务，包括问题分类、语义匹配与答案选择、答案自动生成，即对用户输入解析、答案查询与检索等环节进行优化。

它的优点是实现"端到端"的问答：把问题与答案均使用复杂的特

征向量表示，使用深度学习来计算问题与答案的相似度。缺点是不支持复杂的查询；需要比较长的训练过程，不适用于现实应用场景中的知识更新后的实时查询。

2.5 生物特征识别技术

生物特征是指人体所固有的生理特征或行为特征。生理特征有人脸、虹膜、指纹、静脉等；行为特征有声纹、步态、签名、按键力度等。生理特征直接从人体采集，在固定形成之后通常不易变化，稳定性较高。行为特征通常采集人的行为过程，在实际应用中具有交互能力。此外，人的行为特征还会受到其生理特征的影响，如声纹特征依赖于声道的生理构造、签名特征依赖于手的形状和大小等。在具体应用中生理特征和行为特征各有其优缺点，需要结合具体应用场景选择。生物特征识别技术就是以生物特征为依据，实现身份认证的技术，是通过人先天具有的、可以表现其自身生理或行为的特征对其身份进行识别的模式识别技术。

生物特征识别技术通常分为注册和识别两个阶段。注册过程首先通过传感器采集人体生物特征的表征信息，然后通过预处理去除各类影响，利用特征提取技术抽取特征数据训练得到模板或模型，并存储起来。识别是身份鉴别的过程，前端特征提取都与注册过程相似，特征抽取完毕后利用特征信息与存储的模板/模型进行比对匹配，最终确定待识别者的身份。

生物特征是银行客户天然携带的信息，与商业银行传统的基于信息的身份认证方式相比，生物特征信息具有唯一性、稳定性、防伪性等特征，且不像传统的认证方式例如密码、银行卡、身份证等具有易复制、易丢失、非唯一性等缺点，所以生物特征识别技术在商业银行具有广泛的应用前景。

2.5.1 人脸识别

人脸识别技术是一种利用人脸图像进行人的身份识别的技术，基于人脸的五官分布、几何、纹理等特征的差异性进行身份识别。人脸识别技术发展速度之快、应用面之广、影响力之大，使其在众多生物特征识别技术中脱颖而出。人脸识别爆发式地在我国被应用，甚至延伸到国外。部分媒体甚至提出现在已经进入"刷脸时代"。

人脸识别技术是一种易用性高，用户体验性好的识别技术，但其识别率与安全性仍存在提升空间，在实际应用中应结合应用场景合理设计使用。

2.5.2 虹膜识别

虹膜是位于人眼表面黑色瞳孔和白色巩膜之间的圆环状薄膜，在红外光下呈现出丰富的斑点、条纹、细丝、冠状、隐窝等视觉特征。虹膜识别技术是基于虹膜进行身份识别的技术。

虹膜匹配是指根据提取到的虹膜特征计算不同虹膜的相似程度。一般而言，当提取的特征是二进制编码时，往往使用汉明距离进行虹膜匹配；当提取的特征为向量时，可以采用欧式距离、马氏距离、余弦距离等方式进行线性分析并分类。

近年来，随着自动变焦、自动对焦、云台、社降级阵列、波前编码、光场相机等技术的发展，虹膜成像设备的有效拍摄范围得到有效的扩大，使得用户使用起来更加便捷，对虹膜识别的推广应用起到了积极的作用。

2.5.3 静脉识别

静脉识别技术是一种利用人体内的静脉分布图像来进行身份识别的生物特征识别技术。人体血液中包含的血红蛋白可以吸收特定波长的光线，利用这一特性，使用特定波长光线对人体指定区域进行照射，可以得到清晰的静脉图像。静脉识别就是利用这一现象，使用专用设备对静脉图形进行采集、分析、处理，得到静脉的生物特征，并将其与事先注册的已知身份人的静脉特征进行身份比对识别的过程。目前静脉识别主要包含掌静脉、指静脉与手背静脉，其中指静脉应用最为广泛。

在算法之外，静脉信息采集方式同样重要，目前静脉信息通常使用非接触式近红外光设备进行采集，采集设备主要分为光反射式与光透式两种，其中光透式又分为上侧光源式与两侧光源式两种。不同采集方式的区别主要在于光源所在位置。光反射式中，近红外光源与图像采集设备处于同侧，通过反射的近红外光采集静脉图像信息，掌静脉识别、手背静脉识别多采用该模式。光透式采集方法多用于指静脉识别，其中上侧光源式是指利用近红外线垂直穿透手指采集指静脉图像；两侧光源式是指利用近红外线水平穿透手指采集指静脉图像。使用两侧光源式静脉采集方法可以采集到高质量的指静脉图形，但在实际应用中，出于成本等因素考虑，供应商多采用上侧光源式静脉图像采集方式。

2.5.4 声纹识别

声纹是对语音中所蕴含的，能表征和标识说话人的语音特征，以及基于这些特征（参数）所建立的语音模型的总称。科学研究表明声纹具有独特性与稳定性。每个人的说话过程都具有独有的音频特征与发音习惯，即使刻意伪装或被冒充模仿也无法改变发音特性与声道特征；每个人的发声都受多个发声器官影响，人在成年之后发声器官发育完成，结构相对稳固，因此声纹信息可以在相对长的时间内保持稳定。

声纹识别属于模式识别问题，主要包含声纹信息采集、声纹信息处理、声纹特征提取、声纹特征比对四个步骤。其中声纹信息采集是指通过传声器等采集设备获取一段声纹信息；声纹信息处理是指通过特定的算法对声纹信息进行去噪、均衡等处理使得处理后的音频信息具有相对一致的属性；声纹特征提取是指根据每个说话人的语音特征训练获得对应的特征模型；声纹特征比对是指将待识别人的声纹特征与已知语音库中的声纹特征比较以判断待识别人身份。

2.6 计算机视觉技术

计算机视觉技术通过算法赋予计算机对图片、视频等视觉信息的处理能力，使计算机可以完成识别、检测、分割等一系列复杂任务。目前，人脸识别、OCR识别等计算机视觉技术已被广泛应用到开户、信息变更、密码修改、身份验证等诸多业务场景中。通过人脸识别验证身份后，客户可以在智能柜台、手机银行等自助终端上实现开户、信息变更、密码修改等业务的办理，客户业务办理流程得到极大程度简化；通过OCR技术，银行工作人员可以快速完成表单信息的录入，极大节省了时间和成本。

2.6.1 基础技术

1. 图像识别

图像识别是计算机视觉中最基础的任务之一，该任务本质上是利用算法为图片中的目标从一个预定义标签集中选择一个与之匹配度最高的标签。基于深度学习的算法则利用深层卷积神经网络提取图片的高层次语义特征，这种特征提取方式可以尽可能挖掘出图片的各种特征，这使得该类型算法性能远优于依赖手工设计算法提取特征的传统算法。

（1）传统图像识别算法

传统图像识别模型一般包括底层特征提取、特征编码、空间约束、分类器设计、模型融合。

（2）基于深度学习的图像识别

AlexNet的出现激励了大量研究者投身到深度学习相关研究中，随后图像识别领域涌现出了以VGGNet[4]、GoogLeNet[5]、ResNet[6]等为代表的一系列基于深度学习的高性能模型。这些模型的结构设计越来越精妙，模型识别错误率也越来越低。

2. 目标跟踪

目标跟踪技术是计算机视觉领域的热门研究方向之一，技术的原理实现对视频流中动态的目标进行跟踪，由于目标的运动是不定向的，而且目标结构形状和图像背景会随着运动而改变，想实现目标跟踪技术，需要确定如何建立目标模型以及目标的运动跟踪方法。

3. 图像分割

图像分割工程是采用相应的技术分割出我们感兴趣的图像目标区域，图像分析过程一般需要依赖图像分割技术，没有正确的分割就无法正确地识别处理，计算机分割仅有的依据是图像中像素的亮度及颜色；由计算机自动处理分割时，会遇到各种困难，例如光照不均，噪声影响。

2.6.2 OCR技术

OCR（Optical Character Recognition）即光学字符识别技术，该技术通过特定电子设备读取文字信息并将其转换成计算机文字。OCR算法通常分为文字检测和文字识别两个部分。

传统OCR技术主要使用图像处理相关算法进行文字区域检测、文字区域提取、文字识别。这类算法鲁棒性较差，使用条件苛刻，准确率较低。随着深度学习技术的发展，基于深度学习的文字检测和文字识别算法逐渐成为该领域主流算法。目前，基于深度学习的OCR算法主要应用于自然场景文字、手写体文字和文档文字的检测和识别中。得益于深度学习强大的特征学习和数据处理能力，基于深度学习的 OCR 算法的鲁棒性和泛化能力都远超传统 OCR 算法。该类型算法目前已经在多个领域实现了商业落地，并被广泛应用到媒体、金融、互联网、教育等多个行业中。

1. 文字检测

文字检测即实现对图像中文字区域的检测，在 OCR 技术中，文字检测是文字识别的前提条件。文字检测过程中往往面临着文字分布及布局多样、文字方向不固定、多语言混合等诸多难题，因而在深度学习技术出现之前 OCR 技术适用场景非常有限[7]。

2. 文字识别

文字识别即识别文本区域中的文字内容，在 OCR 技术中，文字识别位于文字检测之后。下面主要介绍普通文字识别和自然场景文字识别。

（1）普通文字识别

普通文字识别针对的目标是印刷在纸张上的文字信息，具体流程为首先用扫描仪或者其他方式将信息录入计算机，然后利用各种模式识别算法定位图片中的文字，随后提取文字的特征并将之与数据库中的标准字符进行匹配，从而达到识别文档内容的目的。普通文字识别的主要流程大致分为预处理、版面分析、文字提取、文字识别。

1）预处理

预处理阶段主要通过灰度化、二值化、倾斜矫正、字符切分等操作对图片中诸如文字畸变、断笔、文字粘连、污点等干扰进行处理。

2）版面分析

版面分析主要基于连通域分析法进行，其目的是根据内容属性将图片划分为不同区域，方便后续处理。

3）文字提取

文字提取目的在于对文本区域中的字符进行切分，以便后续对单个文字进行识别。

4）文字识别

文字识别目的在于对提取到的字符进行特征提取、加工和识别，得到最终的识别结果。

（2）自然场景文字识别

自然场景文字识别需要识别的目标是自然场景图片中的文字信息。自然场景中的文字信息表现形式极其丰富，包括多语言混合、字符属性不同、文字行弯曲、文字区域变形残缺和模糊、文字区域存在背景干扰等。这导致场景文字识别的难度远大于扫描文档图像中的文字识别。

2.7 联邦学习技术

联邦学习是一种分布式机器学习技术和系统，包括两个或多个参与方，这些参与方通过安全的算法协议进行联合机器学习，可以在各方数据不出本地的情况下，联合多方数据源建模，提供模型推理与预测服务。在联邦学习框架下，各参与方只交换密文形式的中间计算结果或转化结果，不交换数据，保证各方数据安全。

金融行业由于涉及资金、客户信息等敏感数据，难以在企业间共享，而单一来源数据往往过于片面，使用机器学习技术训练出的模型效果欠佳。联邦学习能够实现在保证数据安全性的前提下，联合多方数据建立机器学习模型，在营销获客、风险识别、产品推荐等方面发挥巨大价值，帮助金融行业完成数字化、智能化转型。

在联邦学习中，把每个参与共同建模的企业称为参与方。根据多参与方之间数据分布的不同，把联邦学习分为三类：横向联邦学习、纵向联邦学习和联邦迁移学习。

2.7.1 横向联邦学习

联邦学习开始于谷歌提出的一种针对 Android 手机模型更新的数据加密方案，面临的场景是每个终端的特征一样，数据样本的维度也大致相同，但是用户群体不一样，本地模型由于数据的原因可能效果不佳；利用联邦学习，谷歌可以将每个终端的模型集合到云端，然后聚合成一个强大的模型，再分发到每个终端中，从而完成模型的更新。这就是联邦学习最初的状态：横向联邦学习。

横向联邦学习的本质是样本的联合，适用于参与者间业态相同但触达客户不同，即特征重叠多，用户重叠少时的场景，比如不同地区的银行间，它们的业务相似（特征相似），但用户不同（样本不同）。

横向联邦学习的学习过程如下：

步骤 1：参与方各自从服务器 A 下载最新模型；

步骤 2：每个参与方利用本地数据训练模型，加密梯度上传给服务器 A，服务器 A 聚合各用户的梯度更新模型参数；

步骤 3：服务器 A 返回更新后的模型给各参与方；

步骤 4：各参与方更新各自模型。

在这个过程中，每台机器下载的都是相同且完整的模型，且机器之间不交流、不依赖，在预测时每台机器也可以独立预测，这个过程可看作基于样本的分布式模型训练。谷歌最初就是采用横向联邦学习的方式解决安卓手机终端用户在本地更新模型的问题。

2.7.2 纵向联邦学习

现在 AI 行业经常提到的用户画像，不仅仅是一个数据集训练出来的模型能够决定的，更多的是由相同用户的不同数据进行联合训练得出，比如用户在电商、通信、银行等方面的信息，这时候的场景就变为用户一样，但特征和数据样本的维度不一样。由国内提出的 SecureBoost

算法提供了一种新的解决方式，通过样本对齐和构造推理树的方式构造出一个联合模型。而这就是联邦学习进一步的发展：纵向联邦学习。

纵向联邦学习的本质是交叉用户在不同业态下的特征联合，比如商超 A 和银行 B，在传统的机器学习建模过程中，需要将两部分数据集中到一个数据中心，然后再将每个用户的特征集合成一条数据以训练模型，所以就需要双方有用户交集（基于集合结果建模），且有一方存在 label。其学习步骤分为两大步：

第一步：加密样本对齐，主要在系统级进行，因此在企业感知层面不会暴露非交叉用户。

第二步：对齐样本进行模型加密训练，具体包括以下步骤：

步骤 1：由第三方 C 向 A 和 B 发送公钥，用于加密需要传输的数据；

步骤 2：A 和 B 分别计算和自己相关的特征中间结果，并加密交互，进而求得各自梯度和损失；

步骤 3：A 和 B 分别计算各自加密后的梯度并添加掩码后发送给 C，同时 B 计算的加密后损失发送给 C；

步骤 4：C 解密梯度和损失后回传给 A 和 B，A、B 去除掩码并更新模型。

在整个过程中参与方都不知道另一方的数据和特征，且训练结束后参与方只得到自己侧的模型参数，即半模型。由于各参与方只能得到与自己相关的模型参数，预测时需要双方协作完成。

2.7.3 联邦迁移学习

在各参与方用户空间和特征空间重叠较少的情况下，不对数据进行切分，而利用迁移学习来克服数据或者标签不足的情况，这种方法就是联邦迁移学习。比如有两个不同机构，一家是位于中国的银行，另一家是位于美国的电商。由于受到地域限制，这两家机构的用户群体交集很小。同时，由于机构类型的不同，二者的数据特征只有小部分重合。在这种情况下，要想进行有效的联邦学习，就必须引入迁移学习以解决单边数据规模小和标签样本少的问题，从而提升模型效果。

联邦迁移学习的提出，打破数据屏障，建立统一的解决框架。它在不交换数据的情况下，利用多方数据和迁移学习技术共同训练模型，即"数据不动、模型动"。这一方法在确保隐私和数据安全的情况下突破了数据壁垒，实现了共赢。期待未来联邦迁移学习能够在各个垂直领域落地开花，使人工智能带来的红利落实到社会的各个角落。

第 3 章

商业银行应用策略

人工智能在商业银行已广泛应用于手机银行、柜台、ATM、客服,以及智能渠道、智能营销、智能投资、智能风控、智能管理等多业务领域,未来应用场景将更加广阔。

本章将介绍相关技术在金融场景中的应用策略。首先,在实际应用中,往往面临多种算法如何选择的问题,甚至对于同一个算法采用不同的参数配置时,也会产生不同的模型,本章对于如何选择恰当的技术解决不同的问题进行了说明;其次,人工智能应用模型的评价关乎实际业务效果,作用至关重要,本章也对其进行了针对介绍;最后,人工智能等新兴技术的广泛应用,给整个金融业带来巨大变革的同时,也带来了一系列的技术和业务问题,本章对这些问题进行了介绍和分析,并对其中最关键的安全性问题进行了探讨。

3.1 人工智能技术的应用方法

人脑认知世界可以分为感知、认知、理解三个步骤。通过对比人脑认知世界的过程,可将计算机人工智能系统的分析过程总结为:数据到信息建立感知智能;信息到知识建立认知智能;从知识到智慧,机器具有了理解能力,这就是人类追求的强人工智能。人工智能模拟人脑认知世界的过程，是通过感知智能将数据转化为信息，通过认知智能将信息转化为知识，最后通过将知识推理整合拥有类似人类的智慧（参见图3-1）。

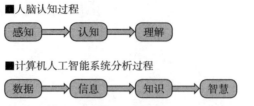

图3-1 人脑认知世界与计算机人工智能系统分析对比

感知智能是指将物理世界的信号通过摄像头、传声器或其他传感器的硬件设备，借助语音识别、图像识别等前沿技术，映射到数字世界，再将这些数字信息进一步提升至可认知的层次，比如记忆、理解、规划、决策等。感知智能的发展主要得益于计算机视觉和智能语音技术的应用和硬件的进步，例如智能监控摄像头、扫地机器人等各种家居设备走入了人们的日常生活，但感知智能的应用可不仅限于家居，在金融业也同样大放异彩。在银行的日常运作、客户与银行的交互中就不知不觉地运用了很多感知智能的技术，比如我们登录手机银行时的人脸识别、智能柜台的人脸识别、指静脉识别、表情识别、与手机银行交互时的语音识别等应用场景中都用到了感知智能的技术。

认知智能是指机器具有主动思考和理解的能力，不用人类事先编程就可以实现自我学习，有目的推理并与人类自然交互。认知智能是感知智能的进阶，需要在感知智能的基础上，结合行业知识，理解数据之间的逻辑关系以及代表的业务含义，并在此基础上进行分析和决策。在认知智能阶段，人工智能能够通过知识图谱挖掘隐形关系，洞察"肉眼"无法发现的关系和逻辑，并将这些隐形关系用于最终的业务决策。在认知智能和感知智能的帮助下，人工智能收集了海量的有用信息，并通过洞察信息间的关系，不断优化自己的决策能力，从而拥有了专家级别的实力，能够帮助人类做出决策。认知智能在金融业的应用代表主要有智能客服和智能投顾。

3.1.1 机器学习应用类型

近年来，随着信息技术、网络技术等新兴技术不断发展，机器学习技术得到广泛运用。作为与信息技术融合程度最高的行业之一，金融行业积极推动机器学习技术应用落地，在提升业务效率、优化成本控制、完善风控体系、推动产品创新等方面取得了明显突破。

机器学习技术的使用场景不断扩展、数据快速累积、算法不断优化、应用逐步普及，使得该技术在金融领域数据管理、理解、分析、发现和决策能力不断提高，进而可以从数据中获取更准确、更深层次的知识，挖掘数据背后的商业价值，催生出新业态、新模式。

1. 数据管理

在移动互联网高速发展的时代，各类分布式技术、大数据技术的使用，系统的设备数量爆炸式增长，数据采集终端越来越多，传输速度越来越快，每时每刻都有海量数据产生，商业银行的信息系统规模越来越庞大，如何管理这些数据资源，将是商业银行需要解决的一大难题。

而机器学习技术的出现，为数据管理提供了更好的解决方法。以 IT 运维为例，商业银行数据多，运维过程中产生的监控数据、交易数据、业务数据、非业务数据，大大增加了运维工作，包含异常检测、异常预测、根因分析、舆情监控、异常自愈、智能变更、问答机器人、容量管理和容量预测等，对运维工作提出了非常大的挑战。而利用机器学习技术，可以将运维人员从复杂的工作中解放出来。随着 IT 系统规模日趋庞大，运维工单呈指数级增长，工单的定位、分配需要花费较多人力，通过机器学习技术训练分类器，实现工单自动分派，减少流转次数，同时对监控日志自动告警，异常问题及时监控告警，深度挖掘生产问题规律，可以极大提升维护人员工作效率。

2. 数据挖掘

商业银行数据繁多，比如监控数据、交易数据、业务数据等，利用机器学习技术，可以深度挖掘这些数据的潜在价值，提供更加高效、安全、稳定的服务。从贷款审批到资产管理，再到风险评估，机器学习在金融生态系统数据挖掘中起着不可或缺的作用。例如：在智能营销方面，结合不同产品、消费行为和各种渠道的数据，利用机器学习技术，挖掘顾客购买习惯、购买渠道和关键影响因素，针对不同的客户，提供不同的营销策略和营销产品。在欺诈检测方面，利用机器学习技术建立个体信用评级系统，处理交易请求时，可以在短时间内识别数据形态，将信息整合，从普通的行为活动中分辨出可能存在的欺诈行为。总之，数据挖掘技术可以在产品开发、风险管理、欺诈分析、客户关系管理系统、现货交易客户细分、营销、个性化推荐等方面发挥更大的作用。

3. 工程方法

（1）数据收集与分析

"数据决定了机器学习的上界，而模型和算法只是逼近这个上界。"可见，数据对于整个机器学习项目至关重要。当需要解决一个具体的业务问题时，首先需要收集针对这个问题的数据，数据越真实，越有利于提高模型的准确性，然后需要对数据进行探索性分析，了解数据的分布、样本数量、缺失值、异常值、倾斜情况。常用的数据分析方法包括作图法、3倍标准差探测法、相关性分析法等。

（2）数据预处理与特征工程

数据预处理和特征工程是机器学习的必备步骤。数据分析时，若发现数据集存在数据缺失、异常、分布不均衡等数据不规范的问题，需要对数据进行预处理，包括处理缺失值、处理偏离值、数据规范化、数据转换等。预处理之后就可以做特征工程，主要是对数据集做特征提取、数据降维等处理。

特征提取和数据类型关系较大，文本类数据常采用 OneHot、词袋模型、TF-IDF 模型等；图像类数据则较多使用 HOG 特征、HAAR 特征及神经网络提取特征。若提取的特征维度或相关性较高，可以使用 PCA、LDA、SVD 等方法降低特征维度，同时将有效特征保留、无效特征摒弃。

（3）数据集分割

一般需要将样本分成独立的三部分：训练集、验证集和测试集。其中训练集用来训练生成模型，验证集用来调整模型参数从而得到最优模型，而测试集则用来检验模型的性能。

当样本较少时，常用的是留少部分做测试集，然后对其余 N 个样本采用 K 折交叉验证法。就是将样本打乱，然后均匀分成 K 份，轮流选择其中 $K-1$ 份训练，剩余的一份做验证，计算预测误差平方和，最后把 K 次的预测误差平方和再做平均作为选择最优模型结构的依据。

（4）模型选择、训练与调优

处理好数据之后，需要根据解决的业务场景及数据情况，选择合适的模型。

首先对数据进行分析，检查训练数据有没有类标，若是有类标则应考虑监督学习的模型，否则可视为非监督学习问题。其次，分析问题的类型是属于分类问题还是回归问题，确定好问题的类型之后再去选择具体的模型。

在实际选择模型时，通常会考虑尝试用不同的算法对数据进行训练，然后比较输出的结果，选择最佳的那个。此外，还应考虑数据集的大小，比如对于分类问题，若是数据集样本较少，训练的时间较短，通常考虑朴素贝叶斯等一些轻量级的算法，否则要考虑 SVM 等一些重量级算法。

选择模型后需要对模型进行调优，可以采用交差验证，观察损失曲线，测试结果曲线等方法分析，调节参数有优化器、学习率、batchsize 等。此外还可以尝试通过多模型融合来提高模型效果。

（5）模型评价

用测试集对调优后的模型做验证，根据各项评价指标，评估模型的泛化能力，后续章节会做详细介绍。

（6）模型部署

模型部署后用户就可以调用模型的功能，也可以选择灰度发布（一种平滑过渡的发布方式，进入灰度白名单的部分用户优先使用模型功能。一段时间后，白名单用户体验良好，就逐步扩大使用范围至所有用户）。灰度发布可以保证整体系统的稳定，在初始灰度时就可以发现、调整问题，以缩小其影响范围。

（7）模型工厂

在实践中，为了将模型充分利用，实现模型共享、评价等管理功能，充分挖掘数据价值，结合行业内技术需求现状和工业的设计模式，提出模型工厂的概念。具体来说，就是开发一套模型发布管理应用系统，把训练好的模型上传，并发布服务，按照业务场景对模型进行分类管理。模型管理功能包含：模型导入与导出、模型版本管理、模型仓库业务管理、模型业务分类、模型推荐、模型信息维护等。模型导入与导出：用户可以将本地模型导入模型工厂，也可以下载具备下载权限的模型；模型版本管理：模型创建者和上传者可以对现有模型进行版本升级、替换、回滚等操作；模型仓库业务管理：模型具备公共市场和个人仓库能力，公共市场是业务人员均具备查看权限的市场，可以在市场内完成模型筛选，个人仓库是个人具备完全权限的市场；模型业务分类：模型创建者需要按照业务属性，将模型上传至自己具备权限的仓库或者公共市场中。用户能够根据业务属性完成模型的筛选，相同类型的模型可以按照模型评价体系进行排序和查看；模型推荐：按照业务属性、模型准确度、模型泛化能力等维度为用户推荐模型，用户基于筛选规则完成对模型的查找；模型信息维护：用户可以对具备管理权限的模型信息进行维护，包含名称、测试数据、版本、模型概述、模型评价信息等。通过敏捷管理、高效服务的模型工厂，建立机器学习建模应用生态圈，以模型价值评估体系快速适配业务应用，可以增强业务模型能力可达性，提高模型管理效率、降低模型应用门槛，实现个人和组织机器学习应用闭环。

3.1.2 智能语音识别应用类型

语音处理和自然语言处理密切相关，通常将语音处理为文字后利用自然语言处理技术对用户意图进行分析和理解，根据用户意图进行不同反馈。

语音交互作为人机交互统一入口，通过自然语言交互快速定位用户需求，减少用户操作流程，进而提升用户的服务体验。智能语音识别涉及的功能一般包括情感分析、机器翻译、搜索、问答、文本分类、信息提取、实体识别、智能客服、智能投顾、专家系统等，实现传统业务的自动化办理，既方便了客户，也减少了工作人员的工作量。

1. 信息提取

智能语音识别的一个主要应用就是将语音数据自动转换为文本数据，实现信息的自动输入填写。通过语音识别可以将客户需求直接转化成系统可识别的文本信息，减少传统客户填写各种资料、凭证的时间，以及工作人员录入信息的时间，从而提升银行服务效率，提升用户体验。

2. 语音交互

通过智能语音识别技术实现语音交互可以进一步优化自助设备功能，通过识别语音中的要求、请求、命令或询问来做出正确的响应，既能弥补手动输入速度慢、易出错等缺点，又有利于缩短系统的反应时间，使人机交互变得简便易行，从而提高服务效率，提升客户满意度。

智能语音交互可以帮助客户完成日常基本业务，如转账、余额查询、信用卡还款等，也可以辅助客户完成理财、基金等金融功能业务。语音交互的应用可以尽可能地减少客户手动输入信息的过程，方便客户快捷办理业务，增加客户对智能柜台、手机银行、微银行等渠道的使用黏性，有效提升客户体验。

另外，智能语音交互在服务外籍客户的场景中也有很大应用潜力。以手机银行、微银行、智能柜台等数字化渠道为载体，在语音识别技术应用的基础上实现语音交互过程中的"同声传译"，使得外籍用户能够无障碍地享受银行服务，提升客户体验。

3. 身份验证

智能语音识别可以通过声纹识别实现客户身份验证。在生物特征识别应用中，基于语音的身份验证具有非接触、非侵入、易用性强等特征，客户易于接受。声纹识别可以通过每个人独特的声音直接辨识客户，无须设定、记住和键入密码等操作，同时在信息采集方面较人脸、虹膜、指纹、指静脉等方式具有更佳的便捷性和友好性，让身份验证过程变得快速而简单。更进一步，通过建立客户声纹库以及鉴别语音中的声纹，银行可对客户进行有效识别、历史档案查询、信息检索与推荐。

3.1.3 自然语言处理应用类型

自然语言处理技术作为人工智能技术的重要研究方向与组成部分，

在金融领域得到越来越广泛的应用,也不断推动传统商业银行的智能化转型。

自然语言处理是语言学、社会学和计算机科学的交叉学科,主要研究计算机科学领域与人工智能领域使计算机理解人类语言的相关技术。在商业银行领域,自然语言处理主要用于对输入文本的字、词、句、篇章进行识别、分析、理解、生成等操作。

1. 词法分析

作为自然语言处理的最小语义单元(单词),词法分析主要包含分词和词性标注两个方面[8]。分词就是将一串连续的字符序列切分成具有完整语义单词序列的过程。与其他语系不同,中文在词与词之间没有明显的分隔符,所以分词在中文的自然语言处理任务中显得尤为重要,是自然语言处理任务中必不可少的基础模块。词性标注,是指为分词结果中的每个单词标注一个正确的词性,即确定每个词是名词、动词、形容词或其他词性的过程,它是自然语言处理中重要的基础研究课题之一。

在金融领域,词法分析得到了广泛使用,比如对金融新闻、资讯等进行分词、特征提取、词向量及分类算法,可实现对新闻、资讯的自动分类、敏感信息检测和过滤;在银行营业网点,客户办理业务通常需要填写各种表单信息,使用词法分析,对客户填写信息进行检测,实现关键信息提取。

2. 句法分析

句法分析是自然语言处理的重要环节,主要对输入的文本句子进行分析,得到句子的语法关系、句法结构的处理过程。可以从句法分析结果中获取更多的参考信息,以便更准确地进行后续处理,例如信息抽取、语义消歧、机器翻译等。

在金融领域,句法分析可用于很多场景,最直接的应用就是文字或语音搜索，用户使用金融 App，手动或语音输入意图后，直接跳转对应的功能或者产品。另外，大型商业银行都会有各种国际业务，机器翻译可以很好地打破各类语言障碍，而其原理可以理解为通过将输入句子进行词法分析后划分为多个语法成分，根据语法成分再翻译为另一种语言。

3. 语义分析

语义分析是自然语言处理的核心部分，它是通过某种形式将文本字符串表示成计算机能处理的数值向量分析的过程[8]。

语义分析在金融领域有着广泛应用，每天产生的金融资讯数量非常庞大，要从众多的资讯库中准确找到相关文章，阅读每篇文章的内容，需要耗费大量的时间和精力。语义分析可以实现文章的自动分类，对大量数据进行摘要提取、归纳、精简，快速获取资讯信息，大大提高工作效率。此外，语义分析还可以用于自动生成各类金融文档。比如信息披露公告（债券评级、股转书等）及各种研究报告等。

3.1.4 知识图谱应用类型

知识图谱本质上是语义网络，是一种基于图的数据结构。它由节点和边组成，节点指的是现实世界中存在的"实体"，边指的是实体与实体之间的"关系"。它把所有不同种类的信息连接在一起而得到实体关系网络，提供从"关系"的角度去分析、发现问题的能力[9]。

知识图谱将知识进展与其结构的关系，以一系列各式各样的图形方式进行展示。通过这种可视化技术，描述知识资源和其载体，挖掘数据、分析信息、构建联系、绘制实体和显示知识及它们之间的相互联系。

当前随着人工智能技术在金融领域的应用探索，知识图谱逐渐受到重视，成为关键技术之一。现已被广泛应用于智能问答、智能搜索、反欺诈信用评估、智能决策、个性化推荐、智能营销、社交关系挖掘、客群分类等领域。

1. 数据加工

如何有效处理或使用大量数据？这个问题变得日益重要，越来越多的企业依赖采集和储存、分析数据，实现它们的商业目标。数据变成了企业的盈利工具、业务媒介和商业机密。

如果缺乏有效的数据管理方法，企业内部将无法灵活地使用数据助力生产、储存、销售产品。数据使用不当就像库存使用不当，会给企业造成严重的损失。因此必须使用一套方法以保证所需数据的有效、安全和可用性，这就是我们要谈的"数据管理"。

现阶段，在商业银行中更是存在着海量级别的数据，仅从用户维度来看，就存在大量的用户交易信息、基本信息等，但银行利用数据的能力有限。通过知识图谱进行自动化数据治理，能够快速管理与融合全量银行内外部数据，围绕业务主题相关核心实体，建立"实体－关系－实体"形式的全维度知识图谱数据模型。

2. 智能检索

随着网络信息的爆炸式增长，人们反而因为信息海洋过于广大，不知道怎么有效利用数据信息。如传统检索引擎只是机械刻板地比对查询词和网页之间的匹配关系，并没有真正理解，或者说根本没有去试图理解用户要查询的到底是什么，看起来不够"机智"，远远达不到用户的期望，无法在将来满足用户的诉求。

通过知识图谱，分析不同类型数据的关系，将杂乱的网页变为结构化的实体知识，提供高效简洁的标签检索，支持根据要素进行快速检索与分析，从而更准确识别用户意图，定位检索目标。

这种方式可以让用户顺着知识图谱进行更深入的探索，从而发现他们意想不到的知识，达到搜索引擎从展示信息到展示知识的突破。谷歌高级副总裁艾米特·辛格博士一语道破知识图谱的重要意义:"构成这个世界的是实体,而非字符串(things,not strings)。"

3. 知识推理

利用已有数据和业务知识,通过知识图谱符号推理或融合机器学习的数值推理,补全知识维度,发现未知知识。常见的推理方法有如下四种:

- 基于描述逻辑的推理。
- 基于图结构和统计规则挖掘的推理。
- 基于知识图谱表示学习的推理。
- 基于概率逻辑的推理。

需要注意的是,知识图谱推理的效果好不好,一方面,受推理引擎的算法的影响;另一方面,与原始数据的丰富程度有关,如信息的覆盖面或者广度,以及信息的精准性。这再一次印证了数据的重要性,提醒商业银行一定要重视数据方面的积累。

4. 图数据挖掘

图数据挖掘,就是以图的结构来存储、展示、思考数据,以挖掘出有价值的信息。有价值的信息是什么?对于商业银行可以是指潜在贷款逾期风险名单,恶意循环担保环路的发现等。图挖掘就是对这个图构成的网络进行关系挖掘,产生很多潜在有用的数据,比如可以通过图数据挖掘生成特定理财业务的最佳推荐名单,这就是图数据挖掘的直观体验。因此发挥图计算和图挖掘能力优势很有必要,可以帮助业务部门更高效、准确地发现特殊实体、特殊路径或特殊子图,从而有效开展风险管理或营销活动。图 3-2 展示了构建图数据库的一般流程。

最后,基于以上技术维度的尝试,知识图谱将应用于金融业反洗钱、风险控制、关联风险识别、多头抵押风险识别等多个场景,有利于提升金融机构整体效能。下一节将会给出知识图谱几个具有代表性的应用方式。

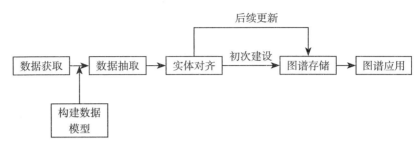

图 3-2　构建图数据库的一般流程

资料来源：Kevin Meng《从零搭建金融证券知识图谱》。

3.1.5　生物特征识别应用类型

生物特征识别技术在金融领域的应用主要集中在金融安全和提升客户服务体验两个方面。金融安全方面，在金库管理、通道控制、保管箱、银行卡、柜台身份认证、网上金融与电子商务等方面都有广泛的应用前景，银行也在积极探索和尝试这方面的运用，多为银行用户身份认证的辅助手段。提升客户服务体验方面，生物特征识别技术能够提供一种安全、便捷的用户身份认证实现方式。目前，在金融领域的典型应用场景包括辅助进行远程开户、账户管理、登录验证、支付确认、VIP客户的识别等。

金融行业因其风险控制要求高的特点，对所应用的技术具有更高的要求，生物特征识别技术在金融领域应用的优势主要体现在：一是生物特征识别技术认定的是人本身。由于每个人的生物特征具有唯一性（与其他人不同）和稳定性（一定时期内不变），不易伪造和假冒，所以利用生物特征识别技术进行身份认定，具有方便、安全、可靠的特点。二是生物特征识别技术产品均借助现代计算机技术来实现。生物特征识别技术产品很容易配合计算机和安全、监控、管理系统整合，实现自动化管理。三是生物特征识别技术可有效避免传统短信验证手段的潜在风险。随着手机木马、伪基站等黑客活动日渐增多，短信验证码被拦截的可能性大幅增加，而生物特征识别技术的身份认证具有不可替代性，能有效防范被网络攻击的风险。四是生物特征识别技术具有高服务附加值和高安全性的潜在优势，符合金融领域需要高效益、高性能的应用程序来助力其运行环境的目的，为风险防范又增加了一道坚固的壁垒。

在现阶段，根据生物特征识别技术在金融行业应用的类型不同，可以分为身份确认和身份辨认两大类型。

1. 身份确认

在金融行业，传统的金融安全认证技术是基于信息（如密码）或介质（如银行卡）进行身份确认，然而，此类验证信息或介质具有可复制性、非唯一性、可抵赖性，存在安全隐患。媒体常常报道此类安全问题，银行卡密码被窃取、银行卡被复制，银行内部人员越权（操作、授权一手清）等，给客户、银行带来了不可逆转的负面影响和巨大的经济损失。基于信息的验证方式存在被复制、被破译以及遗忘的隐患；基于介质的验证方式也存在被复制、遗失的风险。使用生物特征识别技术的身份确认过程，主要是通过生物特征识别技术将用户的生物特征跟系统中预存的个人生物特征信息进行比对甄别，通过相应算法计算出相似度，确认用户是本人，且是用户本身真实的意愿，是一比一（$1:1$）的比较。

2. 身份辨认

身份辨认则是"辨认用户的身份信息"，是一对多（$1:N$）的比较，通过视频、图像等资料信息的分析处理，实时获取用户的生物特征，并与系统中海量生物特征信息进行对比，通过计算返回相似度最高的身份信息，以达到快速定位客户身份的目标。在金融行业，如银行网点、ATM 机附近出现公安机关所确定的"黑名单"人员，需要网点摄像头在拍摄现场影像资料的同时，能迅速识别危险人物信息，及时发现潜在的威胁，为用户提供安全可靠的现场交易环境；同时，金融领域自身也在寻求提升客户服务体验的新模式，各金融领域的营销策略均集中在留住存量 VIP 客户、获取潜在优质客户两个方面，其中对于留住存量客户，关键在于提升客户优越感和满意度以增加客户的购买欲望，而生物技术的发展正在帮助金融领域优化客户识别的过程，帮助金融领域为 VIP 客户提供贴身的金融服务成为可能，当 VIP 客户在不同区域不同网点办理金融业务时，银行均可以通过基于生物特征识别技术的身份辨认方式及时识别客户，并通知客户经理辅助营销。

3.1.6　计算机视觉应用类型

传统的视觉算法通常结合手工设计的特征与经典的机器学习算法，经过分类器的学习，实现视觉任务，算法实现简单、训练速度快，但精度相对较低、鲁棒性不强。当前视觉行业主要基于以卷积神经网络（CNN）为核心的深度学习技术来实现。CNN 通过若干卷积层、池化层、非线性变换对图像提取不同层级的特征，进一步通过全连接层得到输出，再经由损失函数计算网络误差，通过梯度反向传播调整网络的参数，使网络误差逐步降低收敛。深度学习算法使用深度特征取代了手工特征，深度特征是通过模型学习得到的，通过一个网络同时实现了特征提取和分类[10]，精度相对传统算法有很大提升。目前，基于深度学习的计算机视觉技术已经广泛应用于商业银行。

1. 身份确认

计算机视觉与生物特征识别技术现在已经广泛地运用于金融业。随着人脸识别技术的突破，各大银行现在也陆续引入"人脸识别"自助终端，其在银行业的应用范围仍在不断扩大，例如自助发卡机利用人脸识别技术，将现场拍摄的照片与系统内的照片进行匹配对比，通过验证相似度来决定是否直接通过或需要进行人工审核。当前，客户在自助终端上可以实现银行卡开户业务、信息变更、密码修改等，业务流程的电子化节约了大量时间和成本。同时，银行工作人员通过人脸识别自助终端，采取客户自助办理和现场审核授权相结合的方式，充分改变以往一对一业务办理的局面，实现服务效率的提升。

2. 信息提取

计算机视觉技术主要是将图像数据、视频数据中的有效信息转化为文本信息。例如，用户银行卡信息提取、身份证信息提取、面部信息提取等。通过计算机视觉技术将客户的图像、视频信息直接转化为系统可识别的文字信息并实现自动填写，减少了用户填写各种资料信息的时间，缩短各项业务的办理时间，提高效率，提升客户体验。

3.2 人工智能应用的评价

人工智能应用的评价方式包括感知评价指标和认知模型评价指标。感知评价指标基于具体的业务场景自身特点和应用的不同之处，在系统研发过程中提出具备感知能力的建设要求；认知模型评价指标依据不同场景构建机器学习模型，从而对模型进行技术评价。

3.2.1 感知评价指标

搭建企业级感知智能识别平台，实现各类单据凭证、语音、文字等感知智能识别，效果持续优化，并提供数据接入到优化完成的全流程，针对数据、模型、训练任务进行管理，提供模型快速优化迭代的能力，实现样本管理模块主要用于收集、管理和识别样本数据。

要求提供支持通用图像、多种类型业务凭证的手写体／印刷体文字识别算法。基于识别算法，具备较高的稳定性及安全性，确保交易的时效性与正确性。系统应具备训练样本导入、模型加载、训练结果评估等功能。整体解决方案应具备前瞻性与可持续发展能力，确保系统的可扩展能力，未来提供支持企业级各业务场景文字识别需求的扩展要求。对于厂商要求，应具有成熟的实施经验，具备相关业务知识，有相关领域的成功实施案例。

产品应支持云平台部署架构，具备高可靠、高可用性及负载均衡机制。服务器端（包括数据库、中间件、前端展现、计算引擎等）应保证在系统工作时间内具有容错性、不间断性、负载均衡能力，可稳定高效运行。支持系统未来随业务的发展，可以方便地实现服务节点的横向、纵向扩容，并保证系统性能可随资源增加获得有效提高。系统应支持联机交易 7×24 小时的运行模式。根据行内用户的使用习惯，计算引擎与训练平台处理上游系统发送的感知识别请求的平均响应时间不超过 3 秒，交易成功率为 99.9%，对于识别问题导致的错误，要有合理的超时和报错处理机制。

3.2.2 认知模型评价指标

评估指标用于度量模型效果。在预测类问题中，需将模型预测结果 $f(X)$ 和真实标注 Y 进行比较，以评估模型的效果。模型的好坏往往不是绝对的，使用不同的评估指标经常会导致不同的结论。通常，线下使用的是机器学习评估指标，线上使用的是业务指标。如果线下指标和线上指标不同，则可能会出现线下指标变好而线上指标变差的现象。因此，在一个新问题的开始阶段，都会进行多轮模型迭代，来探索与线上业务指标一致的线下指标，尽可能使线下指标的变化趋势跟线上指标一致。如果没有一个跟线上指标一致的线下指标，那就意味着线下指标没有参考价值，想判断此次试验是否有效，只能在线试验。而在线试验成本远远高于离线试验成本，在线试验通常需要较长的时间，且对效果进行可信度检验之后才能得到结论，这必然会导致模型迭代进度变慢[11]。

3.2.3 数据集划分

通常，我们可通过实验测试来对模型的泛化误差进行评估进而做出选择。为此，需使用一个"测试集"来测试学习器对新样本的判别能力，然后以测试集上的"测试误差"作为泛化误差的近似。用于评估模型的数据集叫测试集，用于模型训练的数据集叫训练集；测试集是用于测试模型对新样本的学习能力，所以在假设测试数据和真实数据是独立同分布的前提下，测试误差可以作为泛化误差的近似。通常而言，训练集和测试集互斥，训练集越多，得到的模型效果越好；测试集越多，得到的结论越可信。划分训练集和测试集的方法有很多种，不同的方法适用于不同的场景。

3.2.4 评估指标

1. 分类指标

下面主要介绍分类任务中常用的性能度量。

（1）混淆矩阵与 P-R 曲线

精确率、召回率、正确率、错误率多用于二分类问题，可结合混淆矩阵进行讲解。

如表 3-1 所示，若一个实例是正例并且被预测为正例，即为真正（True Positive，TP）；若一个实例是正例，但是被预测为反例，即为假负（False Negative，FN）；若一个实例是反例，但是被预测为正例，即为假正（False Positive，FP）；若一个实例是反例并且被预测为反例，即为真负（True Negative，TN）。

由表 3-1 中的统计结果可得表 3-2 的指标，定义如下：

真正类率，代表分类器预测的正类中实际正例占所有正例的比例，记为 Sensitivity。

表 3-1 混淆矩阵

	预测为正	预测为反
正例	TP	FN
反例	FP	TN

表 3-2 分类指标

正确率（Accuracy）	$\dfrac{TP+TN}{TP+FN+FP+TN}$
精确率（Precision）	$\dfrac{TP}{TP+FP}$
召回率（Recall）	$\dfrac{TP}{TP+FN}$
特异性（Specificity）	$\dfrac{TN}{FP+TN}$

负正类率，代表分类器预测的正类中实际反实例占所有反例的比例，记为 1-Specificity。

正确率，反应分类系统对整个样本的判断能力，能将正的判定为正，反的判定为反，记为 Accuracy。

精确率，预测正确的正例数占预测为正例总量的比率，也叫查准率，记为 Precision。

召回率，预测对的正例数占真正的正例数的比率，也叫查全率，记为 Recall。

特异性，正确预测到的反例数占总反例数的比率，记为 Specificity。

理想情况下，精确率和召回率两者都是越高越好。然而事实上这两者是一对矛盾的度量。精确率高时，召回率就低；而精确率低时，召回率就高。例如在搜索网页时，如果只返回一个网页且该网页相关，那么精确率就是 100%，召回率就很低；如果返回全部网页，那么召回率就是 100%，精确率很低。因此在不同的场合需要根据实际需求判断哪个指标更重要。

以精确率为纵轴、召回率为横轴作图，就得到了精确率-召回率曲线，简称"P-R 曲线"，显示该曲线的图称为"P-R 曲线图"。图 3-3 给出了一个示意图。

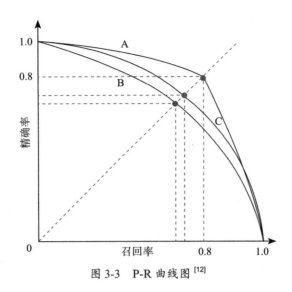

图 3-3　P-R 曲线图[12]

P-R 曲线越靠近右上角模型性能越好，P-R 曲线下的面积的大小在一定程度上表征了模型在精确率和召回率上取得相对"双高"的比例。但是这个值的计算不太容易，因此，人们设计了一些能够综合考虑精确率、召回率的指标。

$F1$ 值就是这样一个指标。它是精确率和召回率的调和平均，详见公式（3-1）：

$$F1 = \frac{2 \cdot P \cdot R}{P + R} \tag{3-1}$$

此外，如公式（3-2）所示，F 值可泛化为对精确率和召回率赋不同权重进行加权调和：

$$F_a = \frac{(1+a^2) \cdot P \cdot R}{a^2 \cdot P + R} \tag{3-2}$$

执行多分类任务时，每两两类别的组合都对应一个混淆矩阵，我们希望在多个二分类混淆矩阵上综合考察精确率和召回率，一种直接的做法是先在各混淆矩阵上分别计算出精确率和召回率，再计算平均值，得到公式（3-3）所示的宏精确率（*macro-P*）、公式（3-4）所示的宏召回率（macro-R），以及公式（3-5）所示的宏 F1（macro-F1）：

$$macro\text{-}P = \frac{1}{n}\sum_{i=1}^{n} P_i \tag{3-3}$$

$$macro\text{-}R = \frac{1}{n}\sum_{i=1}^{n} R_i \tag{3-4}$$

$$macro\text{-}F1 = \frac{2 \cdot macro\text{-}P \cdot macro\text{-}R}{macro\text{-}P + macro\text{-}R} \tag{3-5}$$

还可以将各个混淆矩阵的对应元素进行平均，记作 $\overline{TP}$、$\overline{FP}$、$\overline{TN}$、$\overline{FN}$。再基于这些平均值计算出公式（3-6）所示的微精确率（micro-P）、公式（3-7）所示的微召回率（micro-R）和公式（3-8）所示的微 F1（micro-F1）：

$$micro\text{-}P = \frac{\overline{TP}}{\overline{TP} + \overline{FP}} \tag{3-6}$$

$$micro\text{-}R = \frac{\overline{TP}}{\overline{TP} + \overline{FN}} \tag{3-7}$$

$$micro\text{-}F1 = \frac{2 \cdot micro\text{-}P \cdot micro\text{-}R}{micro\text{-}P + micro\text{-}R} \tag{3-8}$$

（2）ROC 与 AUC

有很多的机器学习模型会输出每个测试样本的概率预测，那么通过设定一个分类阈值 t，概率大于 t 的为正例，否则为负例。分类过程就相当于在这个排序中以某个分类阈值 t 将样本分为两部分，前一部分判作正例，后一部分则判作负例。这样，模型就多了一个超参数，并且这个超参数直接决定了模型的泛化能力。

根据实际任务的不同，可以设置不同的分类阈值 t：如果更重视"精确率"，则分类阈值 t 可选择靠前的位置；如果更重视"召回率"，则分类阈值 t 可选择靠后的位置。因此，排序本身的质量好坏，体现了综合考虑模型在不同任务下的"期望泛化性能"的好坏。ROC 曲线就是从这个角度出发来评估模型泛化性能的有力工具。

AUC（Area Under the ROC Curve）即 ROC 曲线下的面积，取值越大说明模型越可能将正样本排在负样本前面。AUC 值等于随机挑选一个正样本（P）和负样本（N）时，模型将正样本排前面的概率。

2. 回归指标

（1）平均绝对误差

平均绝对误差（Mean Absolute Error，MAE），也叫 L_1 范数损失（L_1-norm Loss），如公式（3-9）所示：

$$\text{MAE} = \frac{1}{N} \cdot \sum_{i=1}^{N} |y_i - p_i| \qquad (3\text{-}9)$$

其中，N 为样本数，y_i 为第 i 条样本的真实值，p_i 为第 i 条样本的预测值。MAE 是绝对误差的平均值，因为预测误差有正有负，绝对值可以避免正负抵消。MAE 能很好地刻画预测值与真实值的偏差。模型使用 MAE 作为损失函数则是对数据分布的中值进行拟合。某些模型（如 XGBoost）必须要求损失函数有二阶导数，所以不能直接优化 MAE。

加权平均绝对误差（Weighted Mean Absolute Error，WMAE）是基于 MAE 的变种评估指标，对每条样本考虑不同的权重，比如考虑时间因素，离当前时间越久的样本权重越低。其计算如公式（3-10）所示：

$$\text{WMAE} = \frac{1}{N} \cdot \sum_{i=1}^{N} w_i |y_i - p_i| \qquad (3\text{-}10)$$

其中，w_i 是第 i 条样本的权重。

（2）平均绝对百分误差

平均绝对百分误差（Mean Absolute Percentage Error，MAPE）如公式（3-11）所示：

$$\text{MAPE} = \frac{100}{N} \cdot \sum_{i=1}^{N} \left| \frac{y_i - p_i}{y_i} \right|, \quad y_i \neq 0 \tag{3-11}$$

MAPE 通过计算绝对误差百分比来表示预测效果，其取值越小越好。如果 MAPE=10，则表示预测平均偏离真实值 10%。MAPE 计算与量纲无关，因此在特定场景下不同问题具有一定可比性。MAPE 的缺点也比较明显，在 $y=0$ 处无定义，并且如果 y 接近 0 可能导致 MAPE 大于 100%。而且，MAPE 对负值误差的惩罚大于正值误差。基于这些缺点也有一些改进的评价指标，如 MASESMAPE、MDA。

（3）均方根误差

均方根误差[10]（Root Mean Squared Error，RMSE）如公式（3-12）所示：

$$\text{RMSE} = \sqrt{\frac{1}{N} \cdot \sum_{i=1}^{N} (y_i - p_i)^2} \tag{3-12}$$

RMSE 代表的是预测值和真实值差值的样本标准差。和 MAE 相比，RMSE 对大误差样本有更大的惩罚；但它也对离群点敏感，其健壮性不如 MAE。模型使用 RMSE 作为损失函数则是对数据分布的平均值进行拟合。

基于均方根误差也有一个常用的变种评估指标叫均方根对数误差（Root Mean Squared Logarithmic Error，RMSLE），如公式（3-13）所示：

$$\text{RMSLE} = \sqrt{\frac{1}{N} \cdot \sum_{i=1}^{N} (\log(y_i + 1) - \log(p_i + 1))^2} \tag{3-13}$$

RMSLE 对预测值偏小的样本惩罚比对预测值偏大的样本惩罚更大，比如一个酒店消费均价是 2000 元，预测成 1500 元的惩罚会比预测成 2500 元的大。

3.3 人工智能模型运营管理

人工智能模型运营管理过程主要包含模型的训练发布、迭代更新、监控运维、日志调用、灰度升级、生产运营等环节，可以将其大致分为模型生成和模型运营两大部分（参见图3-4）。

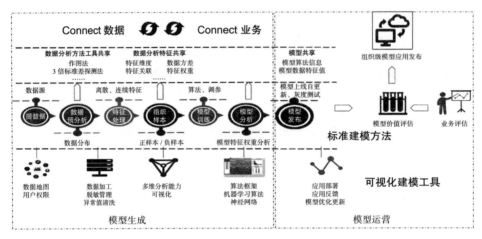

图 3-4 模型生成与模型运营

3.3.1 人工智能模型生成

在人工智能模型生成部分，主要完成建模时的任务管理、数据管理、建模调参以及模型发布。

任务管理即依据实际的业务需求将任务分解并进行有效管理，从而使业务需求与任务需求能够在统一的系统平台上实现流程化的建模训练、模型发布等。

数据管理要完成对实现业务需求过程中涉及的系统的、终端的数据进行采集、清洗、标注等工作。数据采集就是从系统或终端设备上，将有用的信息或信号通过端口传输给数据平台；数据清洗就是发现并纠正数据文件中可识别的错误，包括数据一致性检查、异常值清洗、空缺值填充等；数据标注就是利用工具将清洗后的数据按照既定规则进行标记，例如视频目标标记、文本实体标记等。

建模调参主要依据业务需求，完成模型的算法选型与方案设计，并通过设定系统的训练参数，包括训练时长、训练次数、模型评价指标来启动训练，在训练过程中，通过自动调参完成模型的预处理、特征选择、模型优化等，从而获取最优模型文件。训练完成的模型会存储在模型仓库，并且自动生成相应的版本号进行维护。模型训练完成后，需要使用一些实际生产的数据对模型的效果进行评估推理，从而对模型泛化的效果进行核验。在这个过程中，可以检测当前模型泛化后的识别率。

模型发布主要指当模型推理完成且满足实际业务的标准后，将模型打包发布到不同的运行环境进行部署使用，部署环境主要包括移动端和服务器端。在发布过程中会在模型的外层进行一层容器的封装，完成模型的安全加固、模型技术标准设定、模型的运行环境配置转换，模型自校验，模型的运行监测等，从而得到一个稳定的、安全的、标准化的模型引擎服务。

3.3.2 人工智能模型运营

人工智能模型运营主要包括模型的运维、监控、调用、迭代更新、灰度升级策略和生产运营。模型运营工作流程是人工智能模型生成发布了模型引擎后部署到服务器端，当模型引擎启动后会自动注册到人工智能模型运营服务中心，完成服务的发现，自动上报模型 ID、模型名称、模型版本等模型相关信息。此时业务请求可以根据实际需要的模型服务，调用人工智能模型运营服务中心的统一服务网关，统一服务网关会按照业务请求进行分发模型服务，分发过程支持实时动态的策略调整。

模型的运维管理主要包括模型的启停、重启、重加载、删除等功能操作。支持在运营平台管理页面完成相应的功能操作。该功能的实现逻辑为系统在模型引擎发布时自动嵌入模型引擎容器，从容器层面支持了模型引擎的启停、重启、重加载、删除等操作。人工智能模型运营平台是通过服务交互，调用模型引擎容器，完成对模型的启停。这种模式可以应用到所有的模型引擎服务上，从而形成标准统一的模型引擎服务。

模型的监控管理通过人工智能模型生成中心进行业务请求集中处理并转发到相应的服务，记录请求的处理时长、处理结果，同时模型引擎在启动过程中会定期主动上报模型引擎的资源使用情况，包括CPU、GPU、磁盘、内存、IO、实时处理性能等。汇总各个模型实例的运行情况数据，进行统一集中分析，对运行时出现的异常资源使用情况进行邮箱、短信、平台告警。

模型调用日志通过人工智能模型生成中心的网关收集业务请求处理日志，记录模型调用日志等服务调用信息，并通过界面化进行展示。主要记录调用方IP，调用方渠道，调用数据报文，响应数据报文，请求处理结果，请求处理时长。模型的调用日志支持按时间段和业务分类进行查询，更加方便精准定位错误日志以进行业务分析。同时，支持日志批量下载，用于算法分析。

模型的迭代更新策略要通过版本迭代更新进行完成。在人工智能模型生成中心，基于现有模型，进行数据追加，通过增量化训练来提升算法识别的准确性。同时，支持对接线上业务系统收集算法误识别数据样本，自动追加到训练数据集，训练增量模型完成模型引擎版本发布。在发布过程中，保持模型引擎服务的技术标准一致，完成发布后的模型引擎部署到线上环境。

从平台层面上设置模型引擎业务灰度升级策略，支持按版本单天固定次数随机分流、同一模型版本百分比分流、按请求数据报文规则分流三种分流模式。通过灰度升级策略避免模型版本迭代更新影响现有客户的体验，进行渐进式迭代更新。平台会统计各个版本在某个阶段下的调用量，当所有用户更新后，实现旧模型版本服务下线，新模型版本服务上线的灰度升级。

相对来说，通常一个模型版本的生命周期短周期一般以季度体现，长周期以年度体现，在模型的整个生命周期中，我们应该收集如下的模型运营统计数据来对模型进行更好的迭代更新，对服务器资源进行更好的规划使用。

模型的识别效果主要体现在两个方面：第一个方面是通过业务请求数据收集模型调用失败率，第二个方面是通过业务系统数据反馈模型的误识别数据。模型上线后的识别效果，直接反映模型的质量，因此当模型上线后出现识别效果差时，应该立即收集实际的生产数据，对模型进行迭代版本升级，主要关注以下指标。

模型的识别速度：收集模型的识别速度是为了更加合理分配服务器资源，不同的模型版本由于算法迭代存在一定的差异性。在实际生产过程中，我们需要收集不同业务场景下的模型的识别速度，从而得到一个综合的评估。在技术层面主要通过网关记录请求的请求时间和响应时间来统计模型的识别速度。

模型的调用量及其峰值：通过收集模型的调用量及其峰值，可以知道模型实例是否能够承载业务需求，从而进行资源的扩充，当模型的调用量及其峰值过高时，系统需要进行报警，并对部分优先级较低的业务服务执行熔断保护。

模型的稳定性指标：通常模型在发布到线上之前应该完成 7×24 小时持续压力情况下的稳定性测试，以保障产线环境的稳定性。一般情况下，模型的稳定性和操作系统有一定的联系，因此我们需要收集模型上线后是否存在模型服务异常中断的情况，并记录起来，作为模型稳定性指标。模型本身在技术设计中也会对此种情况设定安全保护策略，对算法服务异常情况，执行自动重启模型服务来保证业务的持续性。

模型的资源使用率指标：统计模型在整个使用周期过程中，通过单位时间内该阶段系统的负载情况，与该时间段内模型实例对资源的占用情况，了解模型的资源使用情况，在配置模型使用的服务器时进行相应参考。

3.4 人工智能应用中的风险因素

人工智能被认为是一种革命性的技术，它正在全方位地改变我们的社会和生活。基于人工智能技术的各种应用让我们受益匪浅，但更少的人工干预也带来了更多的挑战和风险。AI不能直接替我们做出决策，仅能提供参考。AI只能作为辅助，一是由于人工智能在实现阶段的一些固有缺陷，攻击者可以利用这些潜在的"漏洞"，引发人工智能安全事件；二是某些个人或组织，为了自身的利益，摒弃了道德原则，恶意使用人工智能。本节，我们将讨论人工智能潜在的安全隐患和防范措施。

3.4.1 人工智能风险

1. 人工智能攻击

人工智能攻击（AI攻击）是对人工智能系统的有目的操纵，改变其行为以达到恶意目的。随着人工智能系统深度融入我们的社会，这些人工智能攻击代表着一种新型的攻击形式，会对社会安全造成重大影响。

（1）数据安全性

数据安全是人工智能安全的关键，一方面，人工智能技术和各种智能化硬件带来的生产和生活场景的智能化变革导致数据呈现井喷式增长，数据的采集终端越来越多，传输速度越来越快，使数据的安全风险陡然增加；另一方面，随着人工智能技术的发展，对数据的分析和挖掘能力也在迅速增强，一旦发生数据安全问题，其影响范围难以控制，对个人、企业和国家都可能造成难以估量的损失。

数据过度采集：人工智能应用可导致个人数据被过度采集，随着各类智能设备（如智能音响、智能手环）、智能系统（如生物识别系统、智能医疗系统）的应用，人工智能设备和系统对个人数据的采集更加全面，更加直接。用户人脸、声纹、虹膜、指静脉等具有强个人属性的生物特征信息具有唯一性和不变性，这些信息一旦被泄露或滥用会对公民造成严重的影响[13]。

用户敏感信息泄露：数据传输、数据标注阶段如果数据管理不规范可能会导致内部人员盗取数据、数据未授权访问、数据泄露等风险。如果这些数据中包含用户敏感信息，一旦发生泄露，后果将不堪设想。

数据偏见：人工智能技术已应用于智慧金融、智慧政务等领域，人工智能模型训练的准确性依赖于训练数据集的质量。在金融征信领域，如果采集的用户维度数据不完整，可能使得每个人的信用评估偏离真实值，从而对人们的生活产生影响。

（2）模型安全性

模型，是人工智能系统的核心，是人工智能进行感知和决策的核心部分。模型软件框架的安全与模型算法安全是模型安全的重要因素。

1）软件框架的安全问题及影响

深度学习框架掩盖了它的组件依赖，同时也隐藏了系统的复杂程度，人工智能开源框架集成了大量的第三方软件包和依赖资源库，框架所依赖的组件通常来自不同的开发者，对模块间接口通常有不同的理解，相关组件缺乏严格的测试管理和安全认证，存在未知的安全漏洞。

360安全研究实验室、腾讯安全团队曾在TensorFlow、Caffe、Torch等开源框架中发现多个安全漏洞，包括内存访问越界、空指针引用、整数溢出等。这些漏洞带来的潜在危害可导致对深度学习应用的拒绝服务攻击、控制流劫持、分类逃逸以及潜在的数据污染攻击。腾讯发现的TensorFlow漏洞中，攻击者可以利用漏洞生成恶意模型文件，对AI研究者进行攻击[14]。一旦漏洞被成功利用，被攻击者的计算机可以被恶意控制，导致 AI 模型被盗或被篡改。由于深度学习模型的黑箱特性，恶意模型的攻击点很难在短时间内被察觉，同时由于智能系统内部的逻辑关联性，一个点被黑客攻击可能会导致全盘受控，在这种情况下造成的安全风险难以估计。

2）模型算法的安全问题及影响

人工智能模型算法是人工智能系统的核心，是一种非常有价值的知识产权资产，是用公司中最有价值的数据去训练的，比如金融交易、用户交易，而模型中的安全隐患则可能给人工智能系统带来致命的安全后果。

模型准确性：人工智能算法普遍依赖于概率、统计模型构建，一般准确性越高的模型，鲁棒性越差，且分类错误率的对数和模型鲁棒性存在线性关系。目前人工智能仍处于海量的数据驱动学习阶段，数据集的数量和质量是决定模型的关键因素，模型准确性的缺陷会导致模型在应用中出现预料之外的情况，产生不可预期的影响。

算法黑箱：训练模型的整个过程在黑箱中运作，我们并不知道 AI 和机器人是如何决策的，算法决策的"黑箱"特征导致不透明性和难解释性，使得算法决策的归责变得困难。

模型窃取：模型窃取攻击是指尝试恢复模型或训练中使用的数据信息。攻击者可通过公共访问接口对算法模型的输入和输出信息映射关系分析，构造出与目标算法模型相似度非常高的模型，实现算法模型窃取，进而还原出模型训练和运行过程中的数据以及相关隐私信息。

模型后门：模型后门是指通过训练得到的，深度神经网络中的隐藏模式，当且仅当输入为触发样本时，模型才会产生特定的隐藏行为，否则，模型会保持正常的状态。攻击者通过数据投毒方式或木马攻击方式触发模型的异常行为。

2. 人工智能恶意使用

人工智能的本意是为了更好地服务人类，然而当犯罪分子或别有用心者在技术上足以胜任并使用它们时，随之而来的是极大的社会风险，比如虚假信息和新闻生成、网络钓鱼和垃圾邮件发送以及人脸合成技术滥用等。

3. 如何防范人工智能攻击

攻击机器学习的方法非常简单，且可以有多种形式。自然而然，研究人员也相应地提出了针对这些攻击的防范方法。

（1）对抗样本攻击防御

1）对抗训练

应对对抗样本攻击最简单的方法就是创建对抗样本并将其包含在训练集中。对抗训练本质上是训练数据的扩充，以提高模型的泛化性和鲁棒性。例如，在训练图像分类器时，可以通过翻转，裁剪，调整样本亮度，甚至细微调整各通道的值，将修改过后的样本添加到训练集来实现对抗训练。

2）梯度掩蔽

梯度掩蔽通过阻止攻击者访问有用的梯度来防御对抗样本攻击。大多数对抗样本构建技术都使用模型的梯度进行攻击。举一个形象的例子，攻击者拿着熊猫的图像，测试模型空间中的哪个方向可以使识别为猴子的概率增加，然后在那个方向施加一点推力（为图像加入一些扰动），修改后的新图像就会被误识别为猴子。

梯度掩蔽的常用技术包括防御性蒸馏（Defensive Distillation）和防御性丢弃（Defensive Dropout）。防御性蒸馏是从一个或多个基础模型创建新模型的过程。第一层模型以实际标签为输出，以实现最大的准确性。第二层模型基于第一层模型得到的概率值训练。Dropout是模型训练期间常用的一种正则化技术，可以帮助模型更好地泛化。防御性丢弃则是在模型的预测阶段使用Dropout技术。

3）对抗样本检测

通过在模型输入的公共接口和模型之间添加数据检测模块，可以防御对抗样本的攻击。这一模块可在输入到达模型之前检测并清除原始输入中恶意添加的扰动。

常见的方法是训练一个对抗样本分类器，以区分正常样本和对抗样本。科研人员因此研究了大量专门检测对抗样本的算法，例如 MagNet[15] 的作者提出利用流形（Manifold）空间来检测对抗样本。对于大多数的 AI 任务，样本空间是一个非常高维的空间，但是我们所使用的训练样本其实是在一个维度远低于样本空间的流形空间。

（2）数据中毒攻击防御

1）合理的数据采样

合理的数据采样可以有效限制中毒数据对模型的影响，包括：确保模型的训练数据中，小部分用户或 IP 的数据组成不占多数；设置机制防止用户在一段时间内错误反馈过多；不要过度加权这类数据，对于短时间的重复误报应设置权重衰减机制；为"高质量"的客户设置更高的权重。

2）回归测试

为了防御中毒攻击，针对 AI 模型的测试也是一种有效的方法。可行的测试方法包括：将每次新训练的模型与之前的模型进行比较，以评估发生了多少变化。对超出预期的变化发出预警，以对添加的训练数据进行检查；使用 A/B 测试比较新模型和原有模型的优劣；建立必须预测准确的"黄金数据集"，此数据集包含必须处理的攻击型数据以及正常数据。

除此之外，针对上述两种攻击，从 AI 系统应用层面的安全设计考虑，还可以有以下几种安全措施。

限制信息泄露：确保攻击者在探测你的系统时获得尽可能少的信息，例如避免返回详细的错误信息或模型的置信度。

限制访问：通过限制同一 IP 或用户短时间的访问次数，可以有效地减缓攻击者对模型的探测速度。

集成学习：系统可以使用集成学习来组合多种检测方法，除了 AI 模型，还可以添加基于规则或统计的检测方法，以提高系统的鲁棒性，使攻击者难以绕过整个系统。

制定响应措施：系统本身的健壮性也非常重要，在模型存在较大缺陷时，需要有一定的响应措施，例如及时下线并置换模型，以防模型的漏洞被攻击者利用。

（3）数据隐私保护

1）差分隐私

差分隐私旨在提供一种方法，以最大化对统计数据库查询的准确性，同时最大限度减少单条记录被识别的机会。差分隐私背后的原理是：如果在数据库中进行任意单个替换的影响足够小，则查询结果无法用于推断任何单条数据。

用机器学习模型实现差分隐私的一种算法是 PATE[16]。PATE 的关键思想是根据训练数据的不同，对数据进行分组训练。训练完成后，为每个模型的输出添加少量的随机噪声，再通过投票组合模型。

2）联邦学习

联邦学习是谷歌提出的一种新型的机器学习技术。传统的机器学习方法需要将训练数据集中在一台机器或数据库中。联邦学习通过在用户设备训练模型，无须集中或交换用户数据，确保了用户数据的安全性。

联邦学习的工作原理如图 3-5 所示：用户设备下载当前模型，通过从手机上收集的数据来训练改进这个模型，然后将变动汇总为一个小的更新。最后模型的更新通过加密上传到云端，并与其他用户的更新汇总，以改善共享的模型。所有的训练数据都保存在用户设备上，在确保隐私的同时，提供了更智能的模型，更低的延迟和功耗。

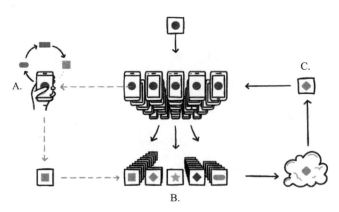

图 3-5　联邦学习的工作原理

3.4.2　金融人工智能应用的安全性

当前的 AI 金融还处于初级发展阶段，人工智能等新兴技术在金融领域的广泛应用，给整个金融业带来了巨大变革，本节将着重介绍金融 AI 面临的主要问题和解决方案。

1. 面临的主要问题

（1）人工智能人才稀缺

人工智能是近年来的新兴领域，现阶段金融行业的人工智能领域专业技术人才比较稀缺，大多在互联网行业负责算法类研究。受限于银行的行业类型，目前银行的人工智能人才仍主要以传统的软件开发人员或数据管理人员为主。

（2）数据信息的不完整

人工智能需要包含较为完整的不同维度的数据信息，包括客户基本信息、偏好信息、行为信息等。鉴于目前政府公共数据对外并未全面共享，同时数据标准也暂未统一，在这个数据生态下，基于目前的数据量能做的尝试相对比较有限。

（3）数据安全问题

金融是一个涉及金钱财富等人们切身利益的敏感领域，一旦出现数据泄露问题就会引起人们的关注乃至社会震荡。因此，如何在充分运用数据提升金融服务能力的同时保障数据安全与隐私，是目前比较关键的问题。目前数据的使用主要依托于信息系统，因此，数据安全不应局限于数据本身，而应扩展到信息系统的各个安全领域。

（4）相似算法模型的冲击

金融市场中大量投资人使用的交易策略基于相似的算法模型，可能导致同时出现大量相同或者相似的投资决策，给金融市场带来冲击。此外人工智能算法程序在毫秒之间完成大量交易，如果算法程序出现问题，可能带来巨额损失，甚至会影响到市场稳定。例如2012年美国做市商骑士资本在30分钟之内损失4亿美元的金融事件，就是由于算法程序导致的。除此之外，也有不法分子编写恶意程序，进行高频下单、撤单，扰乱金融市场秩序。

（5）生物特征应用带来的风险

全球众多金融企业已成功将生物特征识别技术应用于客户身份验证，成为主流的"非面对面"客户识别与验证机制，感知智能在金融领域得到了广泛应用，但也存在如下问题。

1）传输风险

在互联网环境中，生物标识必然转换为数字标识，然后通过网络进行传输。而传输过程与其他的网络应用一样，面临着窃听的风险。从这个角度看，它与一般的密码一样，在安全性上并无区别。

2）不可撤销性

生物特征识别最大的弊端是它的不可撤销性。假如指纹、虹膜、脸型扫描被窃取了，几乎永远无法撤销或者追回。它会成为互联网上你的一个"器官"，被打包出卖、转售。在世界各个角落的组织、黑客，会从各种角度来分析、利用和消费它，直到个体消亡。

3）生物标识的滥用

一方面，一些企业将生物标识当成了身份管理标识，其风险在于，如果把身份认证比喻为密码的话，身份管理就是身份证和银行卡，一旦混淆了二者，就相当于把身份证、银行卡和密码同时提供给对方。另一方面，基于生物识别的便捷性，一些企业过度采集、使用客户生物标识信息，风险范围激增。

4）对生物特征识别的利用仍没有完善的技术标准和法规

如果知道信用卡卡号，有效期，CVV 码，无须密码就可以完成支付。同样地，企业是否可以存储用户生物标识信息仍待明确。

2. 对主要问题的解决方案分析

针对人工智能应用面临的问题，我们至少需要关注以下四个方面：一是要关注数据使用的规范性与安全性。由于人工智能技术的使用需要积累大量不同维度的数据用于训练算法和模型，在数据的收集、处理和存储方面，要建立一定的规范和约束，避免数据的滥用、误用，保障个人隐私与数据使用的安全性。二是要注意防范技术自身的风险，如不可预测性、不可验证性和不可解释性，这是人工智能技术的固有风险。所以我们可以使用人工智能进行辅助决策、提高处理效率，但也不能过度依赖，要有选择地进行研究并根据其成熟度来进行研究成果的实用转化。三是要规避人工智能被不当使用的风险。如果缺少对人工智能使用范围的适当控制，则可能存在法律及道德风险，这方面需要从监管或行业规范上进行一定约束。四是只有实现对生产系统多层面、全方位的纵深防御，才能最终保障生产数据的安全。

3.4.3 人工智能安全法律和政策

随着人工智能技术和相关产业的发展，以及各种安全问题的涌现，人工智能的监管和政策的制定也成为全球性的一个新兴问题。很多国家和组织都制定了一系列的法律法规和政策，以促进和规范人工智能的发展，并监管可能存在的相关风险。

1. 国内

2015年7月，国务院出台《关于积极推进"互联网+"行动的指导意见》，首次将人工智能纳入重点任务之一，提出依托互联网平台提供人工智能公共创新服务，加快人工智能核心技术突破。

2017年7月，国务院发布《新一代人工智能发展规划》，这是我国在人工智能领域第一个进行系统部署的文件，人工智能首次纳入国家战略规划，提出要"加强人工智能相关法律、伦理和社会问题研究，建立保障人工智能健康发展的法律法规和伦理道德框架"。我国发布的政策规范以促进产业技术发展为主，已在无人机、自动驾驶、金融等领域出台了多项政策性文件，几乎均提出了人工智能安全、伦理等方面的要求。

2017年12月，工信部发布《促进新一代人工智能产业发展三年行动计划（2018—2020年）》，旨在推进智能制造关键技术装备、核心技术支撑软件、工业互联网等系统集成应用，以系统解决方案供应商、装备制造商与用户联合的模式，集成开发一批重大成套装备，推进成功应用和产业化。推动新一代通信技术在产品中的融合应用，促进智能网联汽车，服务机器人等产品研发、设计和产业化。

2018年国务院政府工作报告中提出："发展壮大新动能。做大做强新兴产业集群，实施大数据发展行动，加强新一代人工智能研发应用，在医疗、养老、教育、文化、体育等多领域推进'互联网+'。加快发展现代服务业。发展智能产业，拓展智能生活，建设智慧社会。"

2019年的国务院政府工作报告中，对人工智能的描述也由"加快人工智能等技术研发和转化""加强新一代人工智能研发应用"变为"深化大数据、人工智能等研发应用"，可见国家对人工智能产业的重视程度日益加深。

2020年7月，国家标准化管理委员会、中央网信办、国家发展改革委、科技部、工业和信息化部联合印发《国家新一代人工智能标准体系建设指南》，旨在加强人工智能领域标准化顶层设计，推动人工智能产业技术研发和标准制定，促进产业健康可持续发展。

2. 国际

（1）国际组织

1）联合国

早在2015年，联合国跨地区犯罪与司法研究所（UNICRI）就建立了一个人工智能和机器人技术中心。该中心的目标是通过知识收集和信息交流，提升人工智能的认知和推广，增进对人工智能和机器人技术的风险收益二重性的理解，从犯罪和安全的角度去应对可能的风险和收益。

2016年，对1968年《维也纳道路交通公约》的修正案生效，该修正案允许缔约方将驾驶任务转移到车辆本身，前提是所使用的自动驾驶技术符合联合国车辆法规或可以被驱动程序覆盖或关闭。

国际电信联盟（ITU）于2017年和2018年举办了"人工智能造福全球峰会"活动，峰会的重点是确保AI技术可信赖，安全和包容性发展。

自2017年开始，联合国就在CCW（联合国常规武器公约）会议上探讨人工智能在自动武器方面带来的人道主义和国际安全挑战的风险。全世界许多军队都在测试结合人工智能和机器人技术构造的致命武器，会议强调了维持人类对武器系统和使用武力的控制的重要性，并支持制定禁止完全自主武器系统的协议。

2021年11月，联合国教科文组织在法国巴黎发布了《人工智能伦理问题建议书》，这是全球首个针对人工智能伦理制定的规范框架。《人工智能伦理问题建议书》提出，发展和应用人工智能首先要体现出四大价值，即尊重、保护、提升人权和人类尊严，促进环境与生态系统的发展，保证多样性和包容性，构建和平、公正与相互依存的人类社会。

2）欧盟

2017年2月，欧洲议会向欧盟委员会提出了机器人技术和AI领域的一系列立法和非立法倡议，包括确定机器人分类标准，建立指定的欧盟人工智能机构，提出针对机器人工程师的行为准则，等等。

2019年4月，欧盟委员会发布了AI伦理准则，其中列出了设计可信赖的AI框架。根据准则，值得信赖的人工智能必须尊重基本人权、规章制度以及核心原则和价值观，确保"道德宗旨"，并且在技术上要可靠，确保不会因为技术缺陷而导致意外事故。

2020年2月，欧盟委员会发布了《人工智能白皮书》。白皮书中描述了欧盟的AI监管框架方法，提出了7个关键准则：人为管理和监督，技术的坚固性和安全性，隐私和数据治理，透明度，多样性、非歧视性和公平性，社会和环境福祉，问责。同时，欧盟委员会将"高风险"和"非高风险"人工智能应用区分开来。只有前者属于未来欧盟监管框架的范围。高风险AI应用以两个标准来评估：一是应用于特定行业，如医疗保健、运输、能源等；二是AI的用途可能存在重大风险。高风险AI应用考虑以下关键要求：培训数据要求，数据和记录保存，信息义务，鲁棒性和准确性，人为监督，以及特定AI应用程序的特定要求，例如用于远程生物识别的目的。

2021年4月，欧盟就监管人工智能的使用公布了《欧洲议会和理事会关于制定人工智能统一规则（人工智能法）和修订某些联盟立法的条例》。该提案规定了企业和政府应如何使用人工智能技术，对人工智能在一系列活动中的使用进行限制，包括限制警方在公共场合使用人脸识别软件、禁止诸如自动驾驶汽车、招聘决策、银行贷款、大学生招生决策和考试评分等类别的人工智能系统。这些领域因其可能对人们的安全或基本权利造成威胁,而被欧盟视为"高风险"领域。

(2)美国

美国国会提出过许多提及或关注人工智能的法案。例如2017年9月的《自动驾驶法案》,该法案要求告知民众自动驾驶车辆的功能以及局限性。2019年2月推出的关于解决人工智能伦理问题的法案,旨在协商制定人工智能的道德发展准则。2019年4月推出的《算法责任法案》要求使用、存储或共享个人信息的实体评估智能决策系统的影响以及数据保护的能力。

2019年2月,美国时任总统特朗普签署行政令,提出美国人工智能倡议。该倡议提出要在五个重点领域提高美国在人工智能领域的领先地位。其中第三点就是制定AI管理标准,通过建立跨不同类型的技术和工业领域的AI开发和使用指南,帮助美国监管机构开发和维护安全可靠地使用新AI技术的方法,并建立民众对AI系统的信任。

2019年6月,依据行政令指示,美国国家技术委员会人工智能专责委员会更新了《国家人工智能研究与发展战略计划》。该战略计划确定了八个战略重点,其中:

人工智能道德、法律和社会问题方面,包括通过设计提高公平性、透明度和确立问责制,开发和研究人员必须学习和设计更易理解的系统,使得它们的行动和决策是透明的。要建立"道德"的AI,在技术可行的范围内,研究人员必须努力发展符合现有法律准则和道德规范的系统设计和AI架构。同时,美国政府也不断与科研机构合作,例如美国国家科学基金会和亚马逊合作研究专注于AI公平性的可信赖的AI系统。

确保AI系统的安全性方面,包括提高可解释性和透明性,建立信任,加强验证,防范攻击以及增强AI的长期安全性和价值一致性。例如在医疗领域,研究人员应能说明AI技术是如何在特定的诊断和治疗过程中起作用的。美国国防部的下属机构在2018年和2019年宣布了几项有关 AI 安全的计划，包括 SAILS、GARD 等，旨在抵御对 AI 系统的一系列攻击。

支持 AI 技术标准方面，包括制定广泛的 AI 标准，建立 AI 技术基准，建立 AI 测试平台以及让社区参与 AI 标准的建立。美国国家标准技术研究所（NIST）就此参与了许多 AI 标准的建立，如 IEEE 和 ISO/IEC 组织的涵盖机器人技术、个人数据隐私、模型构建等主题的会议。

2020 年 1 月，美国政府发布了《人工智能应用监管指南草案》，包括针对美国机构的十项管理原则以及监管规则制定指南。指南中提到要对 AI 应用做到监管影响，评估以及管理风险。

（3）英国

2016 年 9 月，英国下议院科学技术委员会发布了一份有关机器人和人工智能的报告，随着机器人和人工智能技术渗透到日常生活的更多方面，也引发了许多道德和法律问题，报告中提到从以下方面去确保机器人技术和人工智能是有益的：一是确保 AI 技术按预期运行，避免不必要的或不可预测的行为不会因偶然或恶意而产生，需要一种可以对 AI 技术的可靠性、安全性和道德合规性进行测试的方法；二是 AI 系统需要一定的透明度，能够解释它们的算法决策，以获取公众的信任；三是对数据进行适当的管理，确保用户的隐私安全；四是需尽快确定不同情况下的问责制度，例如自动驾驶汽车发生事故后，赔偿或刑事责任归于车辆制造商，软件开发商还是车辆所有人；五是制定适当的法规和标准来支持更广泛的 AI 应用；六是加强与公众的对话，倾听公众在 AI 技术的社会、法律和道德问题上的建议。

2017 年 1 月，英国议会成立了一个人工智能相关的议会组织（APPG AI），以解决人工智能的伦理、社会影响、行业规范以及监管问题。2017 年 6 月又成立了 AI 特设委员会，以进一步考虑人工智能发展中的问题。2018 年 4 月，该委员会发布了《英国人工智能发展的计划、能力与志向》，该报告指出英国在资金和人员方面无法与美国和中国竞争，但在 AI 伦理方面可能具有竞争优势。其中值得关注的建议包括：

数据方面：区分数据和个人数据；在最大程度利用个人数据的同时，最低程度地侵犯个人隐私；加强数据访问的控制，避免数据垄断，尽可能放大数据的价值。

AI 的可理解性方面：实现完全的技术透明是困难的，但在特定的安全场景下，技术透明性势在必行，即使会造成一定损失；任意部署人工智能系统是不可接受的，可能会对民众生活产生重大影响，除非可以为其决策提供完整且令人满意的解释。对于神经网络这种可解释性不强的算法，需要延迟其在特定场景的应用。

减轻人工智能的风险方面：人工智能可能会由于故障、性能或其他错误造成事故，应制定相关法律明确问责；人工智能的滥用导致其他领域的风险，需制定相应的科技战略去应对，比如基于人工智能的网络攻击；目前，人工智能具有某些特定的漏洞，例如黑客可以通过操纵数据来影响模型的决策，因此提高人工智能的健壮性非常重要。

英国政府同时成立了一系列的新机构，以监管人工智能的发展。数据伦理与创新中心（CDEI），为政府提供可持续地、安全地和道德地使用 AI 的建议；人工智能办公室，指导公共部门构建和使用人工智能。

（4）加拿大

2019 年 5 月，加拿大高级科学研究所（CIFAR）发布了一份关于加拿大未来 AI 政策的报告，其中给出了一些安全方面的建议：

用户保护方面，提供 AI 服务和应用的机构应公开数据是如何使用的；对隐私数据做匿名处理；建立公众的投诉和举报渠道。

数据治理方面，鉴于大型数据集的价值，这些数据应受到管理和监督，创造新形式的数据托管和数据治理机制以保护数据价值并将价值导向对社会有益的目标。

法规立法方面，制定法规以建立 AI 应用的问责制标准；修改现有的法规，以适应 AI 技术的应用，如隐私保护法；制定法规以监督 AI 技术的发展。

2020 年 1 月，加拿大隐私保护办公室（OPC）发布了一份提案建议书，描述了在人工智能技术快速应用的社会背景下应进行的立法改革，包括：

1）将 AI 的定义纳入法律，以澄清哪些法律适用于 AI；

2）实施数据保护是保护更广泛的隐私权的一种手段，应被视为一项基本人权；

3）在法律中规定反对自动决策的权利，赋予个人与自动处理程序互动或接受自动处理时的解释权，并提高其透明度；

4）要求在处理的所有阶段（包括数据收集），AI 应用设计要考虑隐私和人权；

5）确保 AI 应用目的明确以及遵守数据最小化原则；

6）在法律中加入在无法获得用户同意时保护隐私的其他处理依据和解决方案；

7）允许灵活使用匿名信息，同时采取措施防止匿名信息被恢复；

8）要求机构确保数据和算法的可追溯性；

9）对 AI 的开发和实施进行明确的问责；

10）授权 OPC 对违反法律的机构发布有约束力的处罚。

3. 国内金融行业

2017 年 5 月，中国人民银行成立金融科技委员会，旨在加强金融科技工作的研究规划和统筹协调。进一步加强国内外交流合作，建立健全适合我国国情的金融科技创新管理机制，处理好安全与发展的关系，引导技术在金融领域的正确使用[17]。

2018 年 4 月，中国人民银行、中国银行保险监督管理委员会、中国证券监督管理委员会、国家外汇管理局联合发布《关于规范金融机构资产管理业务的指导意见》(以下简称《意见》)[18],《意见》指出运用人工智能技术开展投资顾问业务应当取得投资顾问资质,非金融机构不得借助智能投资顾问超范围经营或者变相开展资产管理业务。金融机构运用人工智能技术开展资产管理业务应当严格遵守《意见》有关投资者适当性、投资范围、信息披露、风险隔离等一般性规定,不得借助人工智能业务夸大宣传资产管理产品或者误导投资者。金融机构应当向金融监督管理部门报备人工智能模型的主要参数以及资产配置的主要逻辑,为投资者单独设立智能管理账户,充分提示人工智能算法的固有缺陷和使用风险,明晰交易流程,强化留痕管理,严格监控智能管理账户的交易头寸、风险限额、交易种类、价格权限等。金融机构因违法违规或者管理不当造成投资者损失的,应当依法承担损害赔偿责任。

2019 年 9 月 6 日,中国人民银行正式发布了《金融科技(FinTech)发展规划(2019—2021 年)》[19](以下简称《规划》)。《规划》中提出探索相对成熟的人工智能技术在资产管理、授信管理、客户服务、精准营销、身份识别、风险防控等领域的应用路径和方法,构建全流程智能金融服务模式,加强金融领域人工智能应用潜在风险研判和防范,完善人工智能金融应用的政策评估、风险防控、应急处置等配套措施,健全人工智能金融应用安全监测预警机制,研究制定人工智能金融应用监管规则,强化智能化金融工具安全认证,确保把人工智能金融应用规制在安全可控范围内。围绕运用人工智能开展金融业务的复杂性、风险性、不确定性等特点,研究提出基础性、前瞻性管理要求,整合多学科力量加强人工智能金融应用相关法律、伦理、社会问题研究,推动建立人工智能金融应用法律法规、伦理规范和政策体系。

2021 年 4 月,中国人民银行发布金融行业标准《人工智能算法金融应用评价规范》(以下简称《规范》)。《规范》规定人工智能算法在金融领域应用的基本要求，从安全性、可解释性、精准性和性能方面开展 AI 算法评价，适用场景分为资金类场景和非资金类场景。适用于开展人工智能算法金融应用的金融机构、算法提供商、第三方安全评估机构等。

4. 国际金融行业

（1）欧盟

2018 年 3 月，欧盟委员会公布了金融科技行动计划（FinTech Action Plan），概述了欧洲对金融科技未来监管的愿景，推动监管机构中心定义人工智能、区块链、云技术等技术的监管方式。

（2）美国

FINRA（美国金融业监管局）早在 2015 年就提出了对从事算法交易的公司的监管规定："随着基于算法策略的交易量不断增加，对市场和公司产生不利影响的可能性也不断提高。在评估使用算法策略带来的风险时，金融公司应认真审查相关的交易数据，并建立相关的机构以应对可能产生的风险。"[20]

除此之外，FINRA 还在以下方面做出规定：

模型风险管理：使用基于 AI 的应用程序的金融公司应建立全面的模型风险管理程序。包括在更新模型时充分审查输入数据；进行测试时考虑不同的压力场景；只有在充分验证新模型后方可完全替换旧模型；为所有 AI 模型评定相应的风险等级并建立相应的风险应对策略。

客户隐私：AI 应用程序可能会涉及客户敏感数据的收集、分析和使用，以及对客户行为的持续监控。保护客户财产和个人信息是金融公司的主要职责和义务，金融公司应考虑以下问题：

1）收集和使用用户信息前是否已获得用户的授权？

2）敏感数据是否已被模糊处理？

3）数据的传输是否安全？

监管政策：交易活动、投资建议工具等应遵循 FINRA 制定的相关规定。

（3）联合国

IMF（国际货币基金组织）在 2019 年 6 月发布了有关金融科技的政策文件[21]，其中提及了：

一是监管新兴的金融科技产品和活动，例如加密货币、算法交易等；

二是注意到可能存在的新型金融风险，金融科技可能会导致"过度"的金融包容性；

三是客户数据的保护。各国应建立更加完善的数据框架，保证数据主体的知情权和隐私权。

第 4 章

商业银行应用架构

人工智能作为一种前沿技术推动诸多领域产生颠覆性变革；作为金融科技的基础设施，支撑金融行业不同业务系统和流程实现广泛的智能化应用。为了降低商业银行人工智能应用门槛，连接各业务条线与部门，实现数据联通，避免重复工作，构筑完整的商业银行人工智能应用生态，需建设企业级人工智能平台。企业级人工智能平台，包括感知智能平台和认知智能平台，提供机器学习、生物识别、语音识别、知识库、机器人等人工智能服务。

4.1 人工智能应用架构简介

4.1.1 人工智能产业介绍

架构是设计，平台就是产品；架构是蓝图，平台就是建筑。平台不仅是架构的实现，也是多种 AI 技术的综合应用，同时也是未来多种 AI 技术的引入及现有 AI 技术发展更新的立足点。

中国信通院在《人工智能产业发展白皮书——产业应用篇（2018年）》中指出，当前人工智能产业应用分为软硬件支撑层、产品层和应用层三层结构。

软硬件支撑层：该层包括了硬件和软件平台。其中硬件主要包括CPU、GPU等通用芯片，深度学习、类脑等人工智能芯片以及传感器、存储器等感知存储硬件。主导厂商主要为云计算服务提供商、传统芯片厂商以及新兴人工智能芯片厂商。软件平台可细分为开放平台、应用软件等，开放平台层主要指面向开发者的机器学习开发及基础功能框架，如：TensorFlow 开源开发框架、百度 PaddlePaddle 开源深度学习平台以及科大讯飞、腾讯、阿里巴巴等公司的技术开放平台；应用软件主要包括计算机视觉、自然语言处理、人机交互等软件工具以及应用这些工具开发的相关应用软件。

核心器件多元化创新，带动 AI 计算产业发展。GPU、DSP、FPGA、ASIC 以及类脑等人工智能芯片创新频繁，支撑云侧、端侧 AI 计算需求。AI 计算产业快速发展，尤其是云端深度学习计算平台的需求正在快速释放。以英伟达、谷歌、英特尔为代表的国外企业加快了各类 AI 技术创新，我国寒武纪、深鉴科技等企业也在跟进。

关键平台逐步形成，成为产业竞争的焦点。优势企业如谷歌、亚马逊、脸书加快部署机器学习、深度学习底层平台，建立产业事实标准。目前，业内已有近 40 个各类 AI 学习框架，生态竞争异常激烈。典型企业如科大讯飞、商汤科技利用技术优势建设开放技术平台，为开发者提供 AI 开发环境，建设上层应用生态。

产品层：产品层包括基础产品和复合产品。其中基础产品又包括了基础语言处理产品、知识图谱产品、计算机视觉产品、人机交互产品四类，是人工智能底层的技术产品，是人工智能终端产品和行业解决方案的基础。复合产品可看作人工智能终端产品，是人工智能技术的载体，目前主要包括可穿戴产品、机器人、无人车、智能音箱、智能摄像头、特征识别设备等终端及配套软件。

人工智能产品形式多样，已涵盖听觉、视觉、触觉、认知等多种形态。无论是基础产品还是复合产品,都能够支持处理文字、语音、图像、感知等多种输入或输出形式,产品形式多样,有语音识别、机器翻译、人脸识别、体感交互等。全球互联网企业积极布局各产品领域,加强各类产品 AI 技术创新,有效支撑各种应用场景。

应用层:应用层是指随着人工智能技术对各个领域的渗透而形成的"人工智能+"行业应用终端、系统及配套软件。人工智能技术切入各个场景,为用户提供个性化、精准化、智能化的服务,深度赋能医疗、交通、金融、零售、教育、家居、农业、制造、网络安全、人力资源、安防等领域。

人工智能产业应用的三层结构如图 4-1 所示。

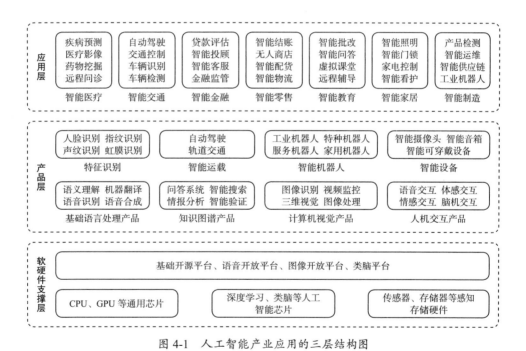

图 4-1 人工智能产业应用的三层结构图

资料来源:《人工智能产业发展白皮书——产业应用篇(2018 年)》

人工智能技术快速发展,部分技术进入产业化阶段,带来新产业的兴起。从产业生态来看,目前人工智能产业生态模式尚未锁定,各种产业模式均在探索。以谷歌、亚马逊等企业为代表的国外领先企业侧重于从芯片、操作系统到运行框架打造的垂直生态，并快速将自有架构通过开源、开放等方式进行产业推广，力争形成行业事实标准[22]。国内产业生态偏重于框架层和应用层，尤其是应用软件研发和开放平台发展。

人工智能的应用软件没有限制，通过人工智能技术的应用和产品的研发与生产生活的各个领域相融合，对改善传统环节流程、提高效率、提升效能、降低成本等方面起到了巨大的推动作用，大幅提升业务体验，有效提升各个领域的智能化水平，给传统领域带来变革。

除了国家级人工智能开放创新平台以外，越来越多人工智能领域的其他企业也开始搭建企业级人工智能平台，如教育领域的松鼠 AI 建立了智适应教育开放平台，京东建立了以智能零售为代表的京东人工智能开放平台 NeuHub 等。如果说早年间的人工智能开放平台由国外巨头如谷歌等领跑，那么随着中国人工智能行业的整体发展，国内人工智能企业也开始尝试营造开放的行业生态。

在全球，人工智能产业链正在积极努力地向前发展，而这一发展自然也离不开生态的建设。要构建适合自己的人工智能生态体系，让技术能够开放共享、触达全渠道、服务多场景，输出基础服务能力显得尤为重要。

4.1.2　人工智能平台实施方法

各家商业银行为了加快科技能力发展和创新驱动能力建设，将人工智能技术嵌入业务流程、覆盖全渠道，使其支持多场景业务，"赋能"业务领域应用。云平台、大数据、人工智能三大平台作为数字化转型的技术支撑，人工智能平台是实现发展战略的重点，搭建企业级 AI 共享平台，赋能渠道、风险、营销、个人、市场等领域应用智能化改造，促进业务领域管理变革、流程重塑，激发产品创新能力，开创"新业态"、抢占"新蓝海"，推动商业银行数字化转型。

面对业务发展的广泛诉求，采用分散的方式应用人工智能技术，会导致数据分散、投入重复、事倍功半的结果，故应搭建一套集团统一的人工智能平台，提供成熟的语音识别、图像识别、自然语言处理等人工智能服务，提供程序的模型训练、检测和发布平台，将智能技术快速应用于一线营销、运营管理、风险控制等方面，有效发挥科技引领的作用，促进数字化转型的发展。

国内部分银行实施了人工智能项目，有的是引入了外部科技公司现有程序产品，有的是应用到很少的特定领域，部分银行没有对人工智能技术做到自主可控。这其中可能存在着顶层设计、组织架构、技术能力、流程控制、系统整合、业务壁垒等困难，以及较大的技术和业务调整工作量。从顶层人工智能规划出台开始，技术部门开展相关预研工作，依托于软件架构和人工智能平台实施，搭建企业级人工智能平台，将智能技术输出到全行众多业务领域、对集团公司的智能输出、对分行智能服务的支撑。

软件架构就是根据问题确定系统边界、按一定原则进行切分、建立不同模块间的沟通机制和整体性交付软件功能。可见，架构的关键是分而治之的哲学，但切分是为了软件研发、运维方便，软件的目标是整体交付，分与合存在着矛盾，这一矛盾是由集成解决的，但是集成往往是复杂的。

人工智能平台定位方面，需要实现开源开放、自主可控的人工智能平台。目前流行的深度学习框架都是基于国外的 TensorFlow、PyTorch、MxNet 等。基于现在的国内国际环境，需要基于自主可控的人工智能基础设施，最关键的就是深度学习框架，降低过度依赖国外开源代码的问题。人工智能发展迅速，技术领域点相对较多，路线区别相对较大，各种框架根据不同的需求不断演进。针对数据安全、资源共享、特征处理流程化、模型管理工程化等方面，现有的开源框架还缺乏工程化思维和与传统系统架构融合的方法。

通用人工智能平台为各应用提供成熟的语音识别、图像识别、自然语言处理等人工智能服务；机器学习平台提供企业级通用业务领域学习建模，基于该平台可以构建面向不同业务领域的模型训练、模型管理、模型运行和模型服务。通过深度融合改造，建立统一开发平台、数据管理平台、数据服务平台，提供开放的生态体系建设。遵循平台化、组件化、松耦合的结构化模式，包括基础服务层、微智能服务层、综合应用层三层的领先应用架构特点，提供了统一的微服务化接口，领域应用可快速接入智能服务。建立了开发平台，提供一个拖拽式的可视化建模界面，用户可以使用平台内置算法组件，拖拽式地搭建学习流，进行模型训练、调试和发布。

在数据接入方式上，统一数据接入引擎，包括结构化数据和非结构化数据引擎。对于关系型数据、图片数据灵活迁移，原生兼容各种不同格式的常见文件，同时对数据输入接口（比如 ftp、hdfs、http 等）的数据传输接口兼容；对接不同的数据源，包括图数据库和关系型数据库，涵盖 mysql、oracle 等 jdbc 数据、hive、teradata 等数据仓库和 neo4j 等图数据库；多场景的复合数据接入，包括标注图片、文本、样本和模型文件等。

在系统应用架构方面，采用 hadoop、mongo、kafka、spark、redis、Elasticsearch 等组件提供存储和计算力的基础服务。通过使用封装逻辑回归、随机森林、GBDT、决策树、聚类分析、神经网络等机器学习算法提供便捷的模型训练能力。

通过增强智能方式实现软件系统与软件工程的智能连接。为了解决复杂系统集成的问题，将人与软件之间、物体与软件之间、软件与软件之间、软件生产线各环节之间通过知识图谱关联的方式集成起来。在完全依赖规则进行集成的传统方式基础上，采用新的集成方法：以上下文信息为输入，利用专家已有的知识，通过数据训练和强化学习的方式，让计算机能够理解集成的意图，成为智能助手，实现智能连接，进而让计算机探索新的知识连接。构建过程中，形成企业级系统资源，包括资源隔离、功能协作、后台管理、弹性伸缩、故障恢复、分布式、实时性、高可用、持续集成、配置化管理、日志跟踪、兼容开放。

机器学习平台为不同应用场景提供高效易用、自主学习的平台及模型工厂服务。提供一个拖拽式的可视化建模界面，用户可以使用平台内置算法组件，拖拽式地搭建学习流，进行模型训练、调试和发布。通过人工智能算法，实现全流程数据挖掘建模，面向数据分析师提供专业、智能、全流程的数据挖掘及部署服务。通过数据全景视图，支持数据分析师全面了解场景数据情况。借助可视化建模工具及 python 语言嵌入，支持数据分析师运用主流数据分析算法。依托模型一键部署功能，数据分析师可快速发布并查看运行结果，根据结果实施模型训练和迭代，以保证模型有效性。全流程数据挖掘工作降低数据获取、建模的时间成本，极大地缩短数据模型的落地周期，支撑业务快速创新。

在"开放共享，赋能业务"的统一生态体系下，中国银行建立了"中银大脑"，旨在建设中银集团企业级人工智能平台。"中银大脑"拥有"感知"和"认知"双脑，通过数据连接（Connect）、平台开放（Open），实现全面 AI 赋能（Empower）。在"双脑"驱动下，"中银大脑"向中银集团提供全领域应用、全渠道触达和全体系可控的五大基础服务：多模态生物识别服务、多维度关联知识库服务、可扩展自然语言服务、可交互机器人服务和开放便捷模型服务。助力中国银行数字化转型为智慧银行，构建统一完备的生态体系。"中银大脑"如图 4-2 所示。

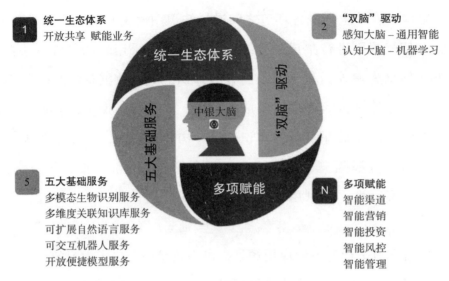

图 4-2　中银大脑

借助统一生态体系，可以完成感知和认知的双脑能力共享（参见图 4-3），盘活传统数据，实现精准的多类智能应用模型，如金融产品推荐模型、风险控制模型、用户偏好模型、智能择市模型、量化交易模型等。例如，客户想要电话购买基金，当拨打 95566，电话接通后不需要人工客服而是由机器人与客户聊天寒暄，同时客户不需要输入卡号和密码进行身份认证，系统会通过声纹完成识别并同客户打招呼。在客户咨询如何购买基金时，会根据客户身份自动导航到为客户推荐基金的介绍，当客户表示感兴趣且决定购买时会自动跳转至电话银行交易功能完成购买流程。

人工智能日新月异的发展离不开生态圈，离不开各个方向。在 AI 生态领域建设一套开放且完整的体系只是起点，只有越来越多的软件商、硬件商、开发者纷纷加入这个大生态圈，人工智能才能迎来新的发展——一个开放的多元化生态链，一个理想中的人工智能，一个自然而然出现在你身边的人工智能，如图 4-4 所示。

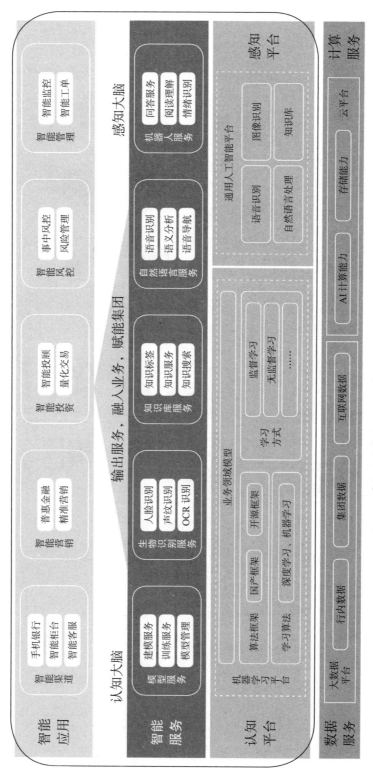

图 4-3 中银大脑架构——"感知"与"认知"双脑协同

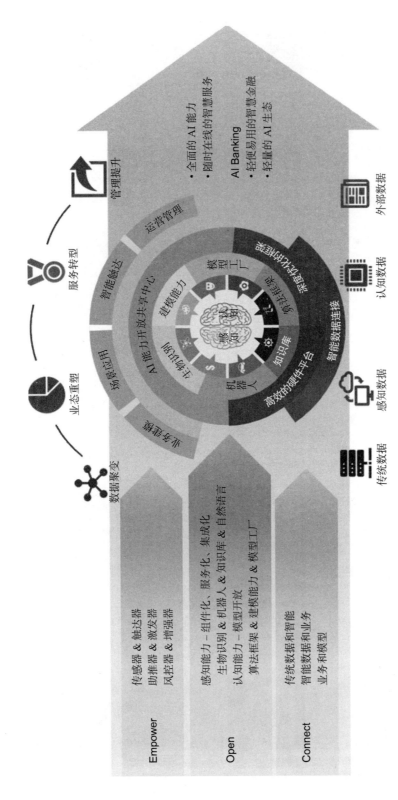

图 4-4 中银大脑统一生态体系

4.2 感知智能平台架构

感知智能是指将物理世界的数据通过摄像头、传声器或者其他传感器等方式进行采集，借助语音识别、图像识别等技术，映射到数字世界，并做标准化、结构化处理，一方面实现在特定场景的应用落地，另一方面可将数据提升至可认知的层次，即将信息翻译成人类可理解、用于分析和决策的数据，为认知智能提供数据基础。

在感知智能阶段，人工智能的核心价值在于进行数据的采集和处理，主要是图像、语音和文字的识别，分别对应计算机视觉、智能语音和 NLP 三大技术。

计算机视觉技术主要实现产业应用中对图像或者视频内物体/场景识别、分类、定位、检测、图像分割等功能的需求，目前已被广泛应用于视频监控、自动驾驶、车辆/人脸识别、医学影像分析、机器人自主导航、工业自动化系统、航空以及遥感器测量等领域。

智能语音技术主要是指语音识别与合成、语音增强、声纹识别等，人机语音交互和语音控制中的主要部分是 NLP 中的人机对话部分。当前已广泛应用于智能音箱、语音助手等领域。

感知智能阶段的 NLP，主要是进行文本结构识别、关键词匹配等，完成文本识别类任务并给出反馈，属于 NLP 技术的初级应用。比如在检索中提取关键字并按照相关度为用户呈现检索结果，此时的机器无法理解词语以及句子所表达的意思。而更高级阶段的 NLP 则能够基于词性标注、实体命名识别、关系抽取等功能，从各类数据源中提取特定类型的信息，将非结构化文本转化成结构化文本，再通过语义分析掌握用户需求，并基于与知识图谱的融合，最终为用户提供分析决策。

不管是从感知智能技术发展还是行业应用普及来看，人工智能的第一阶段——感知智能已经到了行业发展成熟期。感知智能的发展主要得益于计算机视觉和智能语音技术的渗透，以及硬件的进步。当前，感知智能应用已经在各行各业开始普及，实现多场景落地。

以某银行为例，由多模态生物识别、可扩展自然语言处理、多维度关联知识库和交互机器人等组件构成的感知大脑（参见图 4-5），通过感知能力共享中心（提供感知能力），提供标准、灵活的感知智能服务；由可视化建模引擎、开放的算法库和共享的模型工厂构成的认知大脑，不仅能够满足数据科学家和业务人员的建模需求，还可以通过灰度发布、专家评估等方法综合评估模型价值，快速适配业务；此外，感知大脑通过连接数据和连接业务，形成数据驱动算法、算法改进模型、模型推动业务的闭环。下面将分别介绍这些组件，以及基于这些组件的集成者。

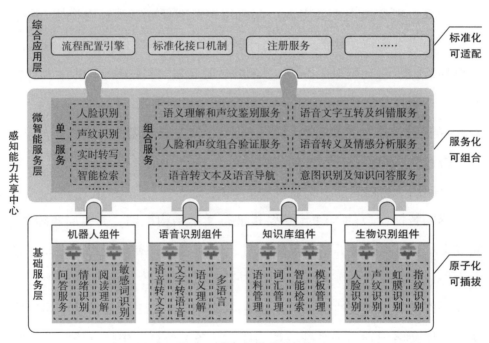

图 4-5　感知大脑平台架构

4.2.1　感知能力共享中心

图 4-5 所示的基础服务，主要采用业界先进技术，同时自研部分适合金融场景的组件。作为企业级平台，需要将这些分散的能力集成起

来，提供统一、标准的企业级服务，采用微服务架构整合厂商和自研软件，构建组件化、服务化、集成化的感知能力共享中心，支持客户识别和交互服务。人工智能基础服务管理平台应运而生。

人工智能基础服务管理平台旨在为行内各开发团队提供安全、先进和开放的实验环境，构建人工智能生态，助力人工智能技术产业化。平台集成行内外先进的 AI 能力，使用现有的前沿机器学习、深度学习算法，将人工智能技术落地并支持应用服务扩展，打造易使用、易接入、易管理的 AI 平台。企业级人工智能平台具备以下特点：

智能：平台打破了人工智能产品落地难的壁垒，提供语音、OCR 识别、NLP 等多项人工智能技术让 AI 产品落地更加简单、快捷。

开放：自助申请接入人工智能能力，提升接入效率。用户仅需通过登录平台，即可创建选择应用接入的能力，从而可调用多种 AI 能力。

多样：平台不仅提供丰富的 AI 原子服务、多样化的组合服务，而且支持不同语言、不同平台间的接入，满足用户多样化的人工智能需求和个性化服务。

共享：平台整合行内外 AI 资源，共享 AI 能力。拥有 AI 能力的团队可在平台申请上线自己的 AI 能力以供其他团队使用，让 AI 平台的能力更丰富。

安全：基于行内用户统一使用 OAuth 2.0 进行安全认证。

人工智能基础服务管理平台由 AI 商店、AI 服务接入层、分布式 AI 服务管理以及 AI 服务整合层四个模块组成，如图 4-6 所示。

1. AI 商店

AI 商店是直接面向用户的 web 端，是用户了解和使用中银 AI 开发平台的入口。整个商店分为平台能力区、应用体验馆和控制台。用户在平台能力区浏览并体验平台已经集成的 AI 能力；通过应用体验馆，查

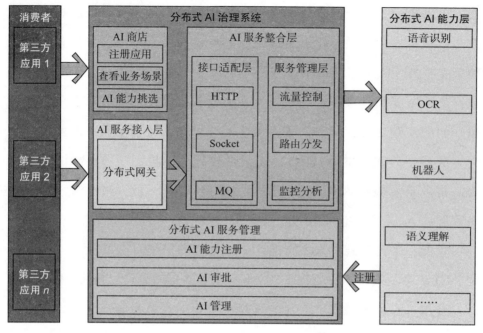

图 4-6 人工智能基础服务管理平台逻辑架构

看基于人工智能技术的一些业务场景；在控制台可以为自己的应用定制化能力，为下一步接入能力做准备。

2. AI 服务接入层

AI 服务接入层是直接开放给用户的服务接口，采用 RESTful 架构。用户接入能力后，根据接入能力的使用文档填写参数，通过调用接口即可轻松使用能力。通过流程配置引擎、标准化接口机制，支持多种交互接口的智能服务应用，触达全渠道，适配全业务领域，支持标准化可适配能力。

3. 分布式 AI 服务管理

各 AI 能力独立部署，服务的数量变多，需要统一管理。平台采用 ZooKeeper 组件进行服务注册与发现。新增 AI 能力需向服务注册中心申请上线。注册中心经过审批后，将新的服务添加进服务列表。注册中心作为服务提供者和服务调用者之间沟通的桥梁，它的重要性不言而喻。

所以注册中心一般都采用集群部署来保证高可用性，并通过分布式一致性协议来确保集群中不同节点之间的数据一致。

用户通过访问服务列表能获取最新的能力数据以及访问能力接口，能力服务端将用户访问数据发送给监控中心。能力服务端与能力注册中心保持长连接，用于心跳检测，一旦注册中心探测到有能力节点新加入或者被剔除，就必须立刻通知所有调用该能力的应用，刷新本地缓存的服务节点信息，确保服务调用不会请求不可用的能力节点。

4. AI 服务整合层

服务整合层主要实现接口适配和服务管理。接口适配用于满足不同的接口请求方式，如 HTTP，Socket 等。服务管理主要用作安全认证、流量控制、监控分析等。通过分析接口调用数据，对交易访问或 API 调用频率、数量进行实时监控和控制，合理分配资源，为各系统提供持续的 AI 能力服务，提升用户体验。

（1）基础服务层

将生物识别、语音、语义、机器人、知识库等多种算法和特征库微服务化，通过集成、封装支持算法可配置与更新，实现组件化管理，支持原子化可插拔能力。

（2）微智能服务层

通过识别规则和统一适配管理，实现可灵活配置的单一服务、多种原子服务组合服务，例如意图识别及知识问答服务，支持服务化可组合能力。

通过基础服务层、微智能服务层、综合应用层，集成多模态的生物识别、可扩展自然语言处理、多维度关联知识库和交互机器人等能力，构建了感知大脑；基础服务层通过封装人脸、指纹、语音、语义、知识库等多算法、多特征库，支持算法可配置更换与更新，实现组件化管理；微智能服务层通过能力适配引擎，实现可灵活配置的单一、组合服务能力；综合应用层通过流程配置引擎、标准化接口机制，支持多种交互接口的智能服务应用。

人脸识别、语音识别等感知智能类解决方案，能够跨行业、跨场景实现应用落地，即感知智能供应商更容易凭借技术优势，实现在不同行业之间的快速复制，以通用解决方案占领市场，集中度相对较高。

4.2.2 生物识别平台

多模态生物识别平台通过整合人脸、声纹等多种鉴别方式，构建多模态识别引擎，通过规则管理、鉴别适配支持统一的访问方式。整体架构如图 4-7 所示。

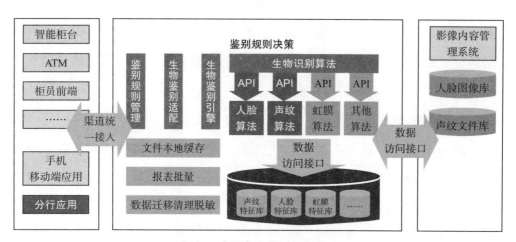

图 4-7 多模态生物识别架构图

生物识别平台基于 X86 分布式微服务架构，支持多算法、多种生物识别方式的通用平台。生物识别平台主要包括以下特征：

- 生物鉴别引擎，集多种生物特征识别于一体。
- 生物鉴别适配，对前端服务提供统一的访问方式。
- 鉴别规则管理，可根据业务需求灵活配置和组合。
- 多种鉴别方式综合应用，交叉验证，针对渠道和场景，设置不同的规则来控制风险。

4.2.3 语音识别平台

语音识别平台,包括运营层、能力层、接入层,如图 4-8 所示。运营层是基础,包括统一存储、日志、监控、鉴权等平台服务组件;能力层是核心组件,包括语音识别能力、语义理解能力;接入层是外围系统获取语音平台能力的桥梁。

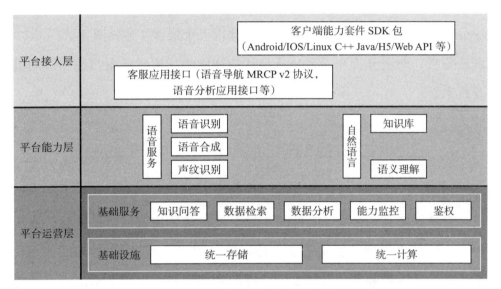

图 4-8 语音识别平台逻辑架构图

语音识别引擎,负责语音转写工作,为自助语音终端提供连续语音识别功能,支持中文、英文等。支持手机银行等多种客户服务系统的语音导航。具备优秀的识别率,提供全面的开发支持,丰富且易于使用的工具,产品核心技术达到国际领先水平。

针对语音识别应用中面临的方言口音、背景噪声等问题,基于实际业务系统中所收集的涵盖不同方言和不同类型背景噪声的海量语音数据,通过先进的区分性训练方法进行语音建模,使语音识别在复杂应用环境下均有良好的效果。

4.2.4 自然语言处理平台

自然语言处理是人工智能的一个重要分支学科,其主要目的是通过计算机自动分析处理人类语言,实现人机之间的自然语言交互。通过使用自然语言处理技术,可以实现资料查询、自动文章摘要、语法语义分析、文本分类与聚类、舆情分析、情感分析等多种功能。

自然语言处理是认知智能领域的一项关键技术,分为语音分析、词法分析、句法分析、语义分析和语用分析五个层次(参见图4-9)。其中词法分析、句法分析和语义分析是认知智能领域构建行业知识图谱的重要技术。

语音分析 → 词法分析 → 句法分析 → 语义分析 → 语用分析

图4-9 自然语言处理关键技术

自然语言处理平台(参见图4-10)支持实体识别、槽位提取、意图识别的配置和识别功能;系统支持肯定、否定、重听意向的识别功能;系统支持话务的查询功能,支持标准问和相似问;支持文本情绪识别功能,识别过程中的用户情绪;支持语言模型,可以进行文本纠错,适当纠正语音识别结果;支持上下文推理;支持多轮对话,在预先配置的意图中,通过多次询问用户,引导用户补全要素项。主要功能如下:

对话管理:根据配置的对话流程树和配置的意图库,识别用户的意图,生成对话文本,控制对话过程,如播报文本、挂机、转人工等;在对话过程中,支持上下文推理、反问等技术,引导用户补全要素项;在与用户进行通话的过程中,识别用户的情绪。

自然语言理解:主要包括NLP的核心功能,如实体识别、依存句法分析、情感识别、文本分类、意图识别等。

自然语言生成:主要包括基于知识库的对话生成和文本检索功能。

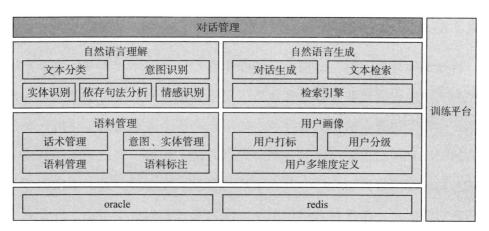

图 4-10 自然语言处理平台架构图

语料管理：支持业务语料、寒暄语料、集成语料等各个语料的管理，支持意图、实体的管理，以及话术管理。此外，支持语料标注。

用户画像：主要包括对用户多维度定义、分级，并完成对用户的标签化定义，即打标。

训练平台：提供训练平台，在用户添加新语料或者意图时，自动训练模型，提升识别率。

感知智能阶段的 NLP，主要进行文本结构识别、关键词匹配等，完成文本识别类任务并给出反馈，属于 NLP 技术的初级应用。比如在检索中提取关键字并按照相关度为用户呈现检索结果，此时的机器无法理解词语以及句子所表达的意思。

更高级阶段的 NLP 则能够基于词性标注、实体命名识别、关系抽取等功能，从各类数据源中提取特定类型的信息，将非结构化文本转化成结构化的文本，再通过语义分析掌握用户需求，并基于与知识图谱的融合，最终为用户提供分析决策。

在感知智能实现的过程中，NLP 技术解决了两大核心问题：一是基于实体、属性及实体间关系的显性关系的构建；二是基于图检索和图挖掘技术的隐性关系的挖掘。

4.2.5 知识库平台

知识库平台定位为面向全行的知识管理平台，不仅为智能客服系统提供支持，还需具备为行内其他系统提供知识库服务支持的能力。知识库平台将作为统一的知识管理者，向用户和各个关联系统提供统一、标准的知识管理通道和流程，向用户提供方便、快捷、智能的知识获取方式。知识库平台将作为统一管理平台与各个系统对接，进一步增强知识获取的智能化，与机器人进行深度的能力集成，向各个渠道、各个系统提供丰富、高效、个性化的知识获取方式。

知识库平台的主要功能包括：知识搜索、知识处理和知识管理。

- 知识搜索是指根据搜索指令从知识库中检索知识。
- 知识处理主要提供知识管理、加工和使用功能，包括从文档中提取条目、关键词、标签，自动加工成知识等。
- 知识管理主要是指知识版本管理、知识条目管理、知识标签管理等，为知识建立索引。

知识库平台架构主要分为三层（参见图 4-11），即知识管理层、智能服务平台层、业务应用层。

知识管理层：主要包括知识管理、知识标签体系、附件管理、流程管理、知识模块管理等。

智能服务平台层：主要是对知识提供搜索服务（包括全文检索等各种类型的搜索能力）；对于搜索引擎优化（包括分词优化、语义解析、多轮交互支持等）；对于搜索结果体验的优化（包括搜索词关联、知识点关联、搜索智能提示、搜索纠偏等）及知识库的高级功能（包括知识自动识别、加工，知识图谱、FAQ 同步修改等）。

业务应用层：主要指基于知识检索能力的上层应用，包括智能知识 WEB 门户及使用知识库的各产品如机器人、知识随行等。

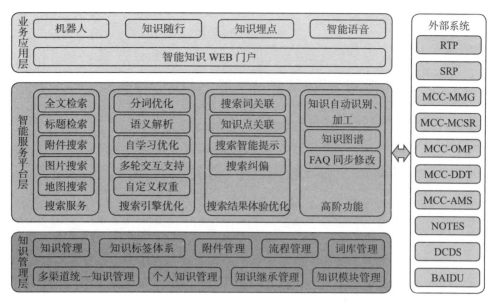

图 4-11 知识库平台架构图

知识库是指通过标准化操作流程，对知识进行检索、管理、沉淀，建立知识管理平台，实现各类产品、业务知识、市场活动的全渠道共享，支持企业内部员工使用，也支持外部客户使用。

知识库平台基于成熟的人工智能技术，通过自动化知识构建和权限管理工具，打造企业智能知识融合平台，实现知识应用智能化、知识管理统一化、知识展现个性化，全面降低企业知识管理成本，提高知识管理效率，提升客户服务品质。

4.2.6 机器人平台

机器人平台提供通用的语义分析能力，包含阅读理解、总结分析、逻辑判断、计算能力，为各个渠道终端用户提供准确的自助问答服务，语义理解服务，匹配语料库中的知识点，降低人工客服的压力和人力成本。训练所需优化语料、词汇、知识图谱来源于知识库，且训练结果将反馈给知识库，形成闭环。

机器人平台主要分为如下三大逻辑模块（参见图4-12）：

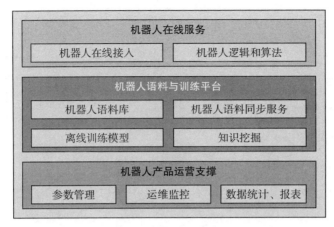

图 4-12 机器人平台架构图

机器人在线服务：主要提供问答服务、敏感词识别、情绪识别等语义理解的基础能力，这个模块主要分为接入子模块与逻辑和算法子模块，接入子模块主要是对外提供 RESTful 服务，具体的业务处理逻辑和算法逻辑都在逻辑和算法模块中完成。

机器人语料与训练平台：机器人语料库主要完成对知识点、图谱等元素的管理；通过机器人语料同步服务，可将语料库中的语料实时同步到机器人在线服务；知识挖掘子模块主要是完成待解决问题聚类、推荐相似问答等功能；离线训练模型子模块主要是根据新的知识点和修改的知识点进行离线训练，产生新的模型。

机器人产品运营支撑：参数管理子模块对接运营支撑系统，运营支撑系统对机器人平台所需的参数进行管理，包含接入渠道、答案类型、满意度模板等机器人需要的参数；运维监控子模块提供自动化部署、性能指标、服务健康度和并发量的监控；数据统计、报表子模块会定时运行跑批任务进行数据分析和统计。

4.3 认知智能平台架构

人工智能的快速发展与应用普及，已经对人们生产生活的各个方面产生积极影响。比如，安防系统中的人脸识别、智能导航系统中的语音识别以及身份认证系统中的生物识别等。然而，不难发现，人工智能最广泛的应用大多集中在感知智能层面，也就是解决机器的"听"和"看"的问题。

认知能力是对于知识表达、语义理解、逻辑判断、自主学习等认知层面的能力，是感知能力之上的更深层次的能力。认知智能是指计算机通过分析挖掘现实世界中的海量信息，洞察和发现信息之间的关系，并进一步对其进行加工、理解和推理，从而做出正确决策。相比感知智能，认知智能强调的是机器具有主动思考和理解的能力，并能对外界做出正确反映。因此，认知智能是人工智能技术发展的高级阶段，要将人工智能技术真正转换为现实的生产力，离不开认知智能技术的发展与普及。

当前，认知智能的发展和普及已经成为当下人工智能研究的核心，新一代人工智能技术也正在由感知智能向认知智能迈进。未来，在医疗、金融、互联网、政务等领域，认知智能有非常广阔的发展空间。

认知智能技术平台，是为建模人员提供机器学习和深度学习等全流程服务的开发平台，实现了认知智能研发流程平台化、工具化、一体化。认知智能技术平台，定位为全行统一的人工智能建模和模型服务平台，按照"统一标准、集中管理、全行共享"的原则，为全行提供数据挖掘模型算法调优、模型发布部署等能力，承担全行数据分析和建模任务。在平台中，用户可以通过有意义的业务过程数据，结合自己的业务目标进行人工智能模型调研、模型应用以及模型自学习的过程，自动化、智能化地帮助企业完成数据价值提升。

认知智能技术平台包含基础数据层、软硬件资源层、技术框架层、模型管理层、服务应用层（参见图4-13）。下面我们将对每一部分进行详细介绍。

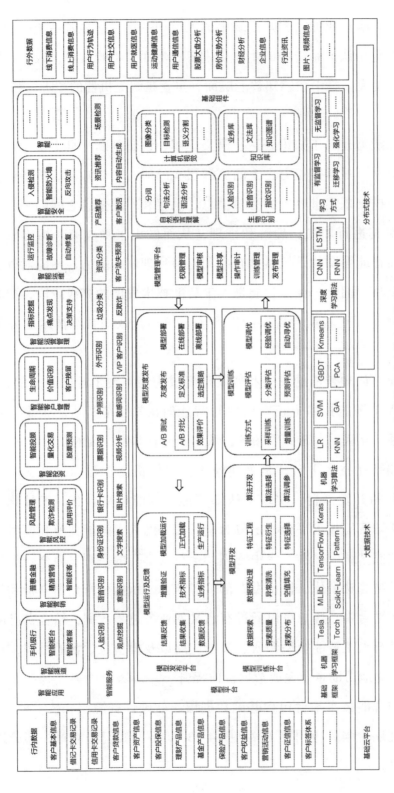

图 4-13 认知智能技术平台技术架构图

4.3.1 基础数据层

1. 行内数据

行内数据是指银行内部系统多年来积累的用户数据、交易记录等。总体来说,银行的行内数据包含客户的基本信息,借记卡和信用卡交易记录,贷款信息,资产信息,投保信息,理财、基金、保险等产品信息,以及客户的权益、征信信息等。

2. 行外数据

行外数据是相对于行内数据而言的,不仅包含发生在行外的用户行为记录信息,同时还包括与银行业务相关的行业信息,而这些信息对银行业务发展和用户服务有指导性作用。总体来说,常见的行外数据类型包括线下和线上消费信息,用户的行为轨迹,社交、就医、运动健康、通信等用户信息,以及股票大盘、房价走势、财经分析、企业信息、行业资讯等行业相关信息。

4.3.2 软硬件资源层

采用基础云平台集成硬件资源与软件资源,利用大数据、分布式计算、分布式存储、并行处理等技术,为上层应用提供计算、存储、网络通信等能力。开发者按照需求申请使用基础云平台上的资源,而不需要关注云平台中的内核实现机制。现阶段的基础云平台是分布式计算、效用计算、负载均衡、并行计算、网络存储、热备份冗杂和虚拟化等计算机技术混合演进并跃升的结果[23]。

4.3.3 技术框架层

基础框架包含机器学习框架、机器学习算法、深度学习算法和学习方式等内容。

（1）机器学习框架

机器学习框架涵盖用于分类、回归、聚类、异常检查和数据准备的各种学习方法，通过对常用学习方法封装，可使开发者运用简单的语句调用就可以实现复杂的模型训练。典型的机器学习框架有 MLlib（Spark）、Scikit-Learn、TensorFlow、Torch、Pattern 等，下面将对其分别进行介绍。

MLlib（Spark）：MLlib（Spark）是 Apache Spark 的机器学习库，目的是让机器学习实现可伸缩性和易操作性，它由常见的学习算法和实用程序组成，包括分类、回归、聚类、协同过滤、降维，同时包括底层优化原生语言和高层管道 API。

Scikit-Learn：Scikit-Learn 为数学和科学工作，基于现有的几个 Python 包（Numpy，SciPy 和 matplotlib）拓展了 Python 的使用范围。最终生成的库既可用于交互式工作台应用程序，也可嵌入到其他软件中进行复用。该工具包基于 BSD 协议，是完全免费开源的，可重复利用。Scikit-Learn 中含有多种用于机器学习任务的工具，如聚类、分类、回归等。Scikit-Learn 是由拥有众多开发者和机器学习专家的大型社区开发的，因此，Scikit-Learn 中最前沿的技术往往会在很短时间内被开发出来。

TensorFlow：TensorFlow 是一个使用数据流图进行数值运算的开源软件库，它实现了数据流图，其中，张量（tensors）可由一系列图形描述的算法来处理，数据在该系统中的变化被称为"流"，该机器学习框架由此而得名。数据流可用 C++ 或 Python 编码后在 CPU 或 GPU 的设备上运行。

Torch：Torch 是一种广泛支持把 GPU 放在首位的机器学习算法的科学计算框架。由于使用了简单快速的脚本语言 LuaJIT 和底层的 C/CUDA 来实现，使得该框架易于使用且高效。Torch 目标是让用户通过极其简单的过程、最大的灵活性和速度建立自己的科学算法。Torch 是基于 Lua 开发的，拥有一个庞大的生态社区驱动库包以设计机器学习、计算机视觉、信号处理，并行处理，图像，视频，音频和网络等。

Pattern：Pattern 是 Python 编程语言的 WEB 挖掘组件，有数据挖掘工具（谷歌、Twitter、Wikipedia API、网络爬虫、HTML DOM 解析器），自然语言处理（词性标注、n-gram 搜索、情感分析、WordNet 接口），机器学习（向量空间模型、聚类、支持向量机），网络分析和可视化。

（2）机器学习算法

机器学习（Machine Learning，ML）是一门多领域交叉学科，涉及概率论、统计学、逼近论、凸分析、算法复杂度理论等多门学科。专门研究计算机怎样模拟或实现人类的学习行为，以获取新的知识或技能，重新组织已有的知识结构使之不断改善自身的性能[24]。它是人工智能的核心，是使计算机具有智能的根本途径，其应用遍及人工智能的各个领域，它主要使用归纳、综合而不是演绎。常用的机器学习算法有支持向量机、随机森林、朴素贝叶斯等。

（3）深度学习算法

深度学习（Deep Learning，DL）是机器学习领域中一个新的研究方向，是学习样本数据的内在规律和表示层次，这些学习过程中获得的信息对诸如文字、图像和声音等数据的解释有很大的帮助。它的最终目标是让机器能够像人一样具有分析学习能力，能够识别文字、图像和声音等数据。深度学习是一个复杂的机器学习算法，在语音和图像识别方面取得的效果远远超过先前相关技术[25]。深度学习在搜索技术、数据挖掘、机器学习、机器翻译、自然语言处理、多媒体学习、语音、推荐和个性化技术，以及其他相关领域都取得了很多成果。深度学习使机器模仿视听和思考等人类的活动，解决了很多复杂的模式识别难题，使得人工智能相关技术取得了很大进步[26]。目前比较流行的深度学习网络结构有卷积神经网络（CNN）、循环神经网络（RNN）、长短期记忆神经网络（LSTM）。

（4）学习方式

平台支持的常见学习方式包含有监督学习、无监督学习、迁移学习、强化学习等。

有监督学习：有监督学习是从标签化训练数据集中推断出函数的机器学习任务。详细来说就是，用已知某种或某些特性的样本作为训练集，建立一个数学模型（如模式识别中的判别模型，人工神经网络模型等），再用已建立的模型来预测未知样本，此种方法称为有监督学习[27]。

无监督学习：根据类别未知（没有被标记）的训练样本解决模式识别中的各种问题，此种方法称为无监督学习。典型的无监督学习有聚类、降维、密度估计等。常用的无监督学习算法主要有 K-means、PCA 等距映射方法、局部线性嵌入方法、拉普拉斯特征映射方法和局部切空间排列方法等。

迁移学习：迁移学习是一种机器学习方法，指的是一个预训练的模型被重新用在另一个任务中。迁移学习的主要方面有两大类：基于开发模型的方法和基于预训练模型的方法。基于开发模型的方法适用于源任务的模型可以被作为目标任务的学习起点的情况；基于预训练模型的方法选择的预训练模型可以作为第二个任务的模型学习起点，这种方法在深度学习领域中比较常用[28]。

强化学习：又称再励学习、评价学习或增强学习，是机器学习的范式和方法论之一，用于描述和解决智能体（agent）在与环境的交互过程中通过学习策略以达成回报最大化或实现特定目标的问题[29]。不同于有监督学习和无监督学习，强化学习不要求预先给定任何数据，而是通过接收环境对动作的奖励（反馈）获得学习信息并更新模型参数[30]。

4.3.4 模型管理层

模型训练平台：模型训练平台主要涉及数据探索、数据预处理、特征工程、算法开发、训练方式选定、模型评估、模型调优等工作。

模型发布平台：模型发布平台主要负责模型部署、灰度发布、A/B测试、模型加载运行、增量验证、结果反馈等工作。

模型管理平台：模型管理平台主要负责平台的权限管理、模型审核、模型共享、操作审计、训练管理、发布管理等。

4.3.5 服务应用层

智能服务：智能服务是将模型组封装成通用性较高的智能服务，供不同应用调用，例如身份证识别在手机银行端、智能柜台、人工柜台都有应用，将实现身份证识别的模型组分装成智能服务，可供多种智能应用在不同的场景下调用。对银行而言，通用性较高的智能服务有身份证识别、银行卡识别、票据识别、外币识别、敏感词识别、反欺诈识别、产品推荐、客户流失预测等。

智能应用：智能应用是结合实际金融应用场景，在封装好的智能服务基础上，重新组合开发的智慧应用。常见的智能应用有智能渠道、智能营销、智能风控、智能投资、智能客户管理、智能运营管理、智能运维、智能安全等。

认知智能是人工智能的高级阶段，因此，对银行而言，建设与发展认知智能平台，有助于挖掘具有鲜明行业特色的智能应用，更好地推动金融场景智能化发展。

4.4 应用架构设计要点

4.4.1 应用架构设计

金融系统根据自身业务需求，建设人工智能系统，除了"感知人工智能架构"与"认知人工智能架构"外，更通用的人工智能架构分为基础硬件、软件框架、基础应用技术和行业应用等部分。其中，人工智能算法主要依托计算机技术体系架构实现，学习算法通过封装至软件框架的方式供开发者使用。软件框架是整个技术体系的核心，实现对人工智能算法的封装，数据以及计算资源的调用。

基础硬件层：基础硬件层为算法提供了基础计算能力。硬件层涵盖范围除了中央处理器（Central Processing Unit，CPU）及GPU外，还包括为特定场景应用而定制的计算芯片，以及基于计算芯片所定制的服务器，如GPU服务器集群，各类移动终端设备以及类脑计算机等。

软件框架层：软件框架层实现算法的模块化封装，为应用开发提供集成软件工具包。该层涵盖范围包括针对算法实现开发的各类应用及算法工具包，为上层应用开发提供了算法调用接口，提升应用实现的效率。

基础应用技术：当前人工智能在金融系统中的应用主要是基于计算机视觉、智能语音、自然语言处理等基础应用技术实现，并形成了相应的产品或服务。

行业应用：通过产品、平台以及服务等在渠道、营销等各业务领域进行应用。

在人工智能平台的设计搭建中，遵循以下几个要点：

1. 可用性

平台可支持7×24小时的对外服务，所有模块均为高可用集群，保证在单点故障时不影响服务的连续性。根据不同的模块类型，使用ZooKeeper搭建分布式集群。

2. 安全性

系统级敏感信息，例如管理员登录密码、数据库密码等，应采用合规的加密算法进行加密存储；客户的敏感信息，应采用端到端加密，客户端需使用HTTPS方式进行加密传输，平台采用合规的加密算法进行加密存储。

平台管理模块面向行内人员、应用维护人员，应具备完善的用户身份鉴别机制、用户权限分配机制、访问控制机制等，保证安全访问。

平台提供的服务，应具备交易的可追溯性，具体表现为，应按照相应的日志规范，记录完善的交易流水日志、安全审计日志等，并提供相应的日志备份与清理机制。

3. 可扩展性

平台应具备可扩展性，包括：各模块节点服务器资源的横向扩展；支持多种服务的接入扩展；在目前总行集中部署模式的基础上支持分行申请调用模式。

4. 全球化

对于大型银行来说，除满足国内的应用外，还要考虑日后面对全球化服务的问题，如对多语言、多时区的支持，以及文件的存储（集中/分散）、访问等性能的优化问题。

4.4.2 工程实践经验

人工智能的产业链包括基础支撑层、技术应用层和方案集成层。基础支撑层是支撑人工智能运行的基础设施，包括数据采集用的传感器，数据处理用的CPU、GPU等硬件，以及实现人工智能算法等软件。技术应用层是在基础支撑层提供的软硬件基础之上，有针对性开发的技术应用，包括语音识别、自然语言处理、图像处理、预测规划和智能控制等。方案集成层是将不同细分领域的技术应用集成、优化、完善，形成更大领域的综合系统解决方案，完整集成的智能服务是人工智能未来的发展方向。

商业银行将业务场景与人工智能技术融合，推动数字化银行建设。商业银行已经在智能客服、智能柜台、智能风控等多个领域取得了一定的成效。如中国银行通过建设通用人工智能平台和机器学习平台，为中国银行各业务领域应用提供感知、认知等人工智能服务能力。通用人工智能平台为行内应用提供成熟的语音识别、图像识别、自然语言处理等人工智能服务；机器学习平台提供企业级通用业务领域学习建模，基于该平台完成面向不同业务领域的模型构建、模型管理、模型运行。

当下，商业银行处在科技发展的浪潮中，技术转型迫在眉睫，在工程实践过程中，面临新的挑战和机遇。

1. 智能金融的应用领域有限

目前人工智能已在身份识别、智能客服等金融领域取得了一定进展，但除人脸识别技术成熟度较高，具备大范围推广使用条件之外，其他应用还比较单一，行业大规模应用尚需时日。

2. 计算机处理能力不足

金融行业是智力密集型行业，人工智能在金融行业的模型算法非常复杂，数据训练工作量很大。主流的深度神经网络算法要求计算机具备先进的半导体、微处理器和高性能计算技术，能够并发处理超大规模数据，目前的计算机能力虽有长足进步，但应对复杂人工智能应用仍有待提高。

3. 金融数据共享性不足

机器学习是人工智能的核心技术，需要依靠大量数据进行模型训练。金融行业的数据积累量较大，但除公开的金融市场交易数据外，各家金融机构出于金融数据安全考虑，很难主动向金融科技公司开放其内部海量数据，在一定程度上制约了人工智能在金融领域的创新应用。

面对这些挑战，商业银行需要加快智能金融关键技术研发，夯实基础产业能力。加快研发增强学习、迁移学习等基础算法；加强计算机视觉、生物特征识别、自然语言理解、机器翻译、智能决策控制等共性技术的研发；加快发展面向智能金融的计算芯片、智能传感器、操作系统、存储系统、中间件、重点设备等基础软硬件、开发平台；研发下一代物联网和网络安全等关键网络支撑技术。

商业银行需要加快智能金融大数据基础设施建设，推动建立智能金融大数据系统。通过建设统一数据平台，集中存储各商业银行所有业务系统数据，消除数据孤岛；利用大数据技术栈，提升数据存储及加工计算的横向扩展能力，为人工智能在金融领域的应用推广夯实数据基础。

商业银行需要加快智能金融领域的法规政策研究。人工智能技术是一把"双刃剑"，在大力发展智能金融的同时，必须高度重视可能带来的安全风险挑战，加强前瞻预防和约束引导，最大限度地降低风险，确保智能金融走上安全、可靠、可控的发展轨道，为新技术的快速应用奠定法律基础，加强人工智能在金融领域带来的合法合规性问题研究。

第 5 章

商业银行应用场景及实践

目前,人工智能在商业银行的应用主要有智能客服、智能渠道、智能营销、智能投资、智能风控和智能运营,这些智能化的运作都穿插着使用了我们前述所提及的多种人工智能技术。这些应用虽然可以用简单的几个字来概括,但内容丰富,本章将分小节详细地介绍这些应用,包括国内外的研究现状和应用情况、它们的内涵外延、在实际应用中赋能业务的情况,以及我们对该领域的未来展望。

5.1 主要应用场景简介

1. 智能客服

技术进步推动了人们日常生活方式的改变,如今,几乎人手都有一个可以进行人机交互的设备——手机。它是实现人机交互的最常见的载体,小到苹果的"siri"、华为的"小艺"等各项智能手机助手,大到智能家居设备,只需一个指令就代替了各种"亲自动手"。事实上,银行业也在紧跟时代进行智能客服的研究和应用,其目标是能够更加合理高效地利用银行的真人座席,提升客户的满意度。

智能客服目前主流的应用场景包括智能语音导航、语音质检、客户之声、智能外呼、知识库平台、机器人问答等。

（1）智能语音导航主要使用在客户主动发起呼叫的场景。目前银行业甚至所有电话客服公司都启用了智能语音导航，摒弃了根据业务类型选择按键服务的模式，改为采用主动询问客户所需并根据客户语音直接导航的模式，帮助提升客户体验。

（2）语音质检主要针对的是银行客服和营销人员，通过该技术检验客服人员和营销人员的话术是否合格，语言是否恰当规范。语音质检不仅提升了质检覆盖率和效率，同时也可以通过监测客户在通话中的情绪来调整营销方式以提高营销成功率。

（3）客户之声是对客交流的窗口，储存了大量的客户联络信息和客户的需求、不满等，一方面，客户之声就是通过分析这些数据，发现客户的潜在诉求，对于营销客户、挽回客户都大有助益；另一方面，通过分析这些数据也可以改善银行服务，提升客户体验。

（4）智能外呼是使用机器人代替人工进行呼叫，采用语音识别和语音合成的技术，在客户接通电话时可以给客户播放开场白并探寻客户意图，并将客户意图转成文字，由智能语音交互模块理解用户的意图，并根据客户的需求与客户进行对话、解决客户问题。

（5）知识库平台是通过标准流程，对知识进行检索、管理、沉淀的管理平台，可以实现各类知识的全渠道共享，支持各分行业务部门使用。通过知识库平台可提高银行业务知识的共享水平。

（6）机器人问答即人机对话，主要运用在手机银行、网银、微信银行等交互渠道，可以根据客户问题进行答案搜索并为客户给出详细的回答。机器人问答机制减少了客户的等待时间，提升了客户体验。

2. 智能渠道

随着银行业务数字化水平不断提升，银行网点客流量、交易量正在萎缩，但是客户对于在网点办理业务时缩短等待时长的诉求却越来越迫切。在业务员有限的前提下，如何缩短等待时长、提升客户体验？智能柜台应运而生。

在智能柜台中，运用了众多的人工智能技术，比如指静脉识别、语音识别、文字识别、人脸识别、指纹识别等。众多新兴技术的加持，使得客户信息和资金安全更加有保证。

3. 智能营销

随着金融科技不断向纵深发展，特别是以大数据、人工智能为代表的现代信息科技正在逐步从根本上改变现代金融的运营模式，金融科技正在逐步成为催化金融行业改革创新的重要驱动力和牵引力。如何从客户的海量数据中挖掘客户潜在价值，为全行客户提供定制化服务是各银行在金融创新上面临的挑战。

智能营销所包含的领域十分丰富，包括产品智能推荐、流失客户甄别、提升客户筛选、客户圈子划分、客户关系识别、智能投顾等，大部分商业银行在做客户智能营销的时候也是从这几方面入手的。

产品智能推荐是指将合适的产品在合适的时机推荐给合适的客户，即以客户为中心的推荐，从客户的需求出发，充分考虑客户的风险等级、投资需求、投资偏好来进行推荐，能够极大地提高推荐成功率，也为银行节约了人力成本。

流失客户甄别，即客户流失预警，银行业开展客户流失预警，能够在客户的衰退期发现可能流失的客户，并及时进行营销挽回动作，从而降低客户的流失率，进一步保持企业声誉。

提升客户筛选是指根据客户过往资产表现和产品持有情况，筛选出在近期资产提升概率最高的客户。提升客户筛选也可以与客户圈子划分和客户关系识别这两个模型搭配使用，通过客户圈子划分（也可以叫作客户细分），发现同一圈子中的客户，可以针对该圈子中的低资产客户进行资产提升营销，也可以针对同一圈子进行产品推荐；通过客户关系识别，可以发现客户与银行其他客户的潜在关系，有助于银行的拓客营销。

智能投顾是目前各大银行争相研究的方向，是指根据投资者提供的风险承受水平、收益目标以及风格偏好等要求，采用一系列的人工智能算法以及投资组合优化等理论模型，为客户提供最终的投资参考，并根据市场动态对资产配置的再平衡提供建议。

4. 智能投资

目前在国内权益类商品市场领域，多家数据提供商、互联网公司实现了基于资金、股票和商品期货的量化投研平台，越来越多的专业机构客户和个人投资者学习并掌握了金融工程的基础原理，开始使用编程脚本等方式实现投资模型或预警的智能投资策略，后来又出现了由人工智能程序自主学习、自主生成交易策略的智能交易技术。交易的程序化、自动化、智能化的发展趋势，给金融市场带来了深刻变化。量化智能投资是一种程序化的交易方式，目前，国际同业主要是在高频算法交易、程序化做市报价以及人工智能三个方面有领先地位。在智能投资方面，采用人工智能技术中的卷积神经网络可以提取市场特征进行行情预测，发现数据的相关性和潜在规律，更好地进行智能投资。

5. 智能风控

客户行为的不确定性是诱发银行流动性管理风险的主要原因，包括资产负债不匹配、市场环境不稳定等因素。预判风险、识别风险并合理地规避风险，是银行减少损失的一大举措。

目前智能风控领域的实践包括通过建立人工智能模型输出交易反欺诈事中、事后风控模型，以及产业链风险传导模型和风险知识图谱。

基于机器学习的交易反欺诈建模就是为解决传统风控专家规则的瓶颈，通过融合多维的历史风险数据，进行一系列的数据处理和特征加工，从中找到潜在的风险特征模式，并通过该模式进行风险预判。

国内外成熟的产业链风险传导案例主要是基于价格的产业链上下游

风险传导，以及宏观经济风险如流动性风险的传导，其特点是围绕已有的标的价格或者利率进行分析。

借助知识图谱技术、行内外大数据及人工智能技术，强化"图论技术""图数据库技术""复杂网络分析技术"在关联关系风险预警领域的分析应用，将上下游关联、实际控制人关联、企业关联方关联、资金交易关联、家庭成员关联、集团关联、控股股东关联、交易关联、担保关联等纳入关联图谱。明确"节点定义""关系定义""属性定义"，挖掘、分析、构建、绘制和显示客户关联关系，把隐匿在各方的多元异构数据通过数据挖掘、信息处理、知识计量和图形绘制显示出来。

6. 智能运营

运营，是指组织内外部资源向客户交付产品和服务的全过程。运营就是对运营过程的计划、组织、实施和控制，是与产品生产和服务创造密切相关的各项管理工作的总称。从另一个角度来讲，运营管理也可以指为生产和提供公司主要的产品和服务的系统进行设计、运行、评价和改进的管理工作。

运营能力作为商业银行重要的核心能力之一，涉及诸多产品和内部资源的综合运用，是一项庞大的系统工程。运营能力主要体现在通过标准化流程向客户提供低成本高质量的产品和服务，直接决定产品和服务的质量、效率、成本。目前，世界上先进银行大都运行工厂化模式，通过后台集中操作模式，实行前后台分离，建立技术先进、内控严密、运行高效、响应及时的运营管理体系。

目前智能运营涉及人工智能的应用包括交易集约、风控集约、实物集约。

在交易集约中，涉及人工智能建模、自然预言处理和数据的分析挖掘三大板块内容。人工智能建模的模块主要包含任务的智能调度，系统的运行监控、建模、告警，业务指标监控告警，动态面板，汇率路径合规检查模型。自然预言处理模块主要包含作业小秘书，行名行号查询，OCR 识别结果纠错，大额核实外呼。数据分析挖掘模块包含问卷分析、数据挖掘。

在风控集约中，主要包括事中风控和事后风控两部分内容。事中风控的内容主要包括开户业务真实性核实，大额核实，跨境汇款业务尽职调查等。事后风控的内容主要包括业务经理行为分析，业务人员行为分析，手工业务风险分析，高风险业务分析，风险客户分析，大额核实真实性检查。

在实物集约中，主要根据现金、凭证、贵金属等实物的最优库存模型，需求预测模型，调度模型等计算每日最优的库存量，方便调度。

除进行客户行为的分析和预测外，人工智能还可以辅助管理者进行决策。人工智能基于其在预测方面的优势，一方面可以帮助商业银行业务管理人员提前发现商机，提前进行营销规划和部署，如智能营销的应用可以帮助业务管理人员提前发现客户的资产变化并进行针对性营销，另一方面也可以提升决策和管理的效率，如智能风控的应用可以提前发现风险，进行介入式管理。

无论是互联网金融还是金融科技，都没有摆脱金融这一本质特征，都是金融通过互联网、大数据等技术在理念、流程以及业务等方面的延伸和创新。从目前的发展状况来看，互联网金融企业或金融科技技术的融合创新是一个共生发展的过程。金融科技近年来发展迅速，虽然其在很多金融领域的应用仍处于探索和起步阶段，但其所代表的新业务模式和技术方法对银行业带来的影响和变革值得关注，银行业需要给予高度重视，不断改革创新、降低运行成本、提升金融服务效率和客户体验。

新技术的应用不分企业，新兴金融科技企业可以运用，传统商业银行也可以运用，并没有不可逾越的门槛。目前，传统商业银行也都纷纷加大了对新技术的应用，力图采用新技术实现业务创新，更好地提升客户服务水平和效率。因此，未来传统商业银行利用其在银行业务逻辑上的长期积淀和优势，积极应用新技术，进一步在金融科技业务创新方面发力，在为客户提供金融服务上，将构成以传统金融企业为主、各类新兴金融科技企业作为有益补充的格局，更好地实现普惠金融。

5.2 智能客服

5.2.1 背景

目前，呼叫中心已经广泛应用于日常生活中的各个领域。商业银行作为服务业金融领域巨头，为客户提供优质的服务是其生存与发展的命脉所在。其客服中心的建设，也应随着时代的发展而发展。

银行呼叫中心建设之初，提供客户咨询、人工投诉热线以及电话营销、反欺诈外呼、应急挂失等简单功能，效率低、成本高，无法满足客户想获得优质服务的诉求，也无法适应企业的高速发展。如何更好地服务客户，提高客服人员的服务效率与质量，从根本上提升客户体验？倾听用户心声，赢得用户的青睐，成了下一步客户服务中心建设的重中之重。如今，随着语音识别、机器人、知识库、大数据、深度学习、机器学习等为代表的人工智能技术的成熟，呼叫中心拥有了更多能够满足企业服务需求和客户交互方式的智能化功能，比如智能路由、智能质检、智能交互式语音应答（IVR）、语音导航等。同时，交互过程中产生的大量数据，也让呼叫中心不再仅仅局限于作为用户的传话筒，呼叫中心开始在企业产品改进、流程优化、市场决策等环节中发挥更大的价值。新技术、新场景的应用势必会推动客户服务中心从现代化向智能化、科技化的方向发展前进，也必将为业务领域带来新的价值提升和飞跃。

5.2.2 主要用法

今天的呼叫中心，不仅可以通过电话与客户沟通，还可以通过多媒体和电子邮件等方式与客户沟通。人工智能技术对传统客服中心的改造，极大地重塑了电话呼叫中心的面貌。功能的全面升级，为呼叫中心添加了一双智能的翅膀，不仅提升了客户的服务体验，而且大幅提高了企业的运营效率。下面将详细介绍呼叫中心如何运用这些 AI 技术。

1. **智能语音导航**

智能语音导航通过先进的语音交互技术解决了呼叫中心 IVR 菜单日益复杂带来的问题，实现了全语音门户交互、人机辅助协同、个性化等特性，大大提升了产品的用户体验，提升导航正确率，人工分流率等基础指标。

如图 5-1 所示，用户拨打客服电话，开口即可说出自己的需求，比如"帮我查下卡里的余额。"智能语音导航系统即可通过语义理解及预设流程返回用户查询的余额结果，完全取代传统的按键操作，使得服务菜单高度扁平化，大大提高了自助服务的效率，节约了通话时长，提升客户满意度。

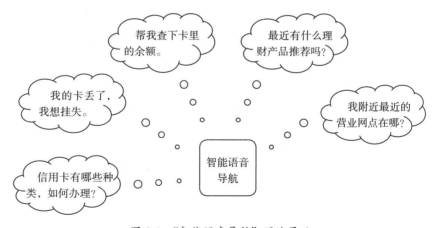

图 5-1 "智能语音导航"用途展示

语音导航技术具有全面的自然语言理解能力，可以通过开放式的提示来询问用户，在交互过程中，用户可以随时说话打断，自然地说出需求，而无须等待提示语结束，用户和系统间的交流更加便捷、自然、高效。

语音导航系统主要基于语音识别平台，语音识别平台分为四大模块：平台运营层、平台能力层、平台接入层、平台应用层，如图 5-2 所示。

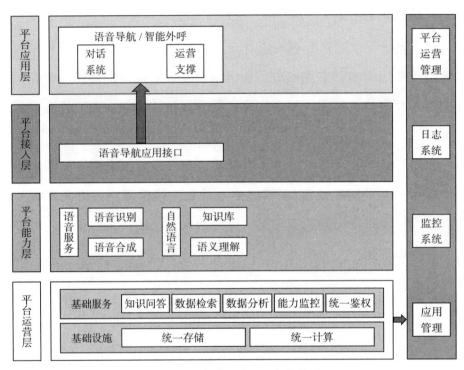

图 5-2　语音导航系统逻辑架构图

平台运营层主要提供统一存储、统一计算等基础设施能力，以及能力监控、统一鉴权等基础服务能力。

平台能力层是语音识别平台的核心组件，主要包括语音识别能力、语义理解能力。

平台接入层是外围系统获取语音平台能力的桥梁，提供 WebAPI 接口以及内部引擎接口等。

平台应用层主要是提供适配业务应用的能力，提供了语音导航对话系统管控语音导航流程。

语音导航功能列表如下：

（1）智能语音导航

解决传统按键 IVR 菜单层级过深和业务承载有限的弊端，实现菜单扁平化，减轻人工服务压力，如图 5-3 所示。

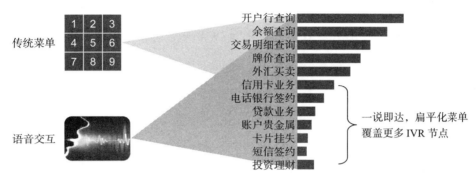

图 5-3　语音导航菜单示例图

（2）智能交互应答

可以将客户诉求转化成文字，根据不同业务场景，系统为客户提供不同的服务方式。如：客户直接语音说转人工则直接转人工；系统问客户咨询何种业务，客户答复"信用卡如何办理"，则系统直接查询知识库后答复客户，并支持短信发送。

（3）服务定制功能

系统可根据客户一定周期的行为轨迹和使用习惯自动生成客户个性化定制菜单，行为轨迹周期支持参数化维护，支持人工进行定制菜单修改，支持客户通过按键或语音导航模式转至正常功能菜单，支持客户使用快捷键功能。

2. 语音质检

呼叫中心语音质检是一项费时费力的工作。大型企业机构每天可能面临上万通电话，但是大部分质检团队的质检能力只能覆盖录音总量的 20%～50%，银行和保险公司等大规模企业的质检率甚至只有不到 3%。

这种情况下企业就需要通过智能语音质检系统，有效控制人力成本，降本增效。

智能质检分为实时质检和离线质检。实时质检是指在通话过程中实时监控通话与屏幕，通过语音识别技术将录音转成文本，通过关键词分析确认客服用语是否符合规范标准，是否在服务过程中使用了违禁词语。离线质检是对非结构化录音数据进行采集与转换，并通过相应技术手段实现服务过程的监控和座席人员的辅助，再通过系统提醒、智能辅助、报表统计功能进一步完善质量监控手段、提升座席在线处理效能。

如图5-4所示，基于语音分析技术，呼叫中心智能语音质检和分析系统提供自动化质检功能，倾听客户心声，挖掘语音价值。通过设置质检策略和规则，对录音数据进行自动筛选，发现服务质量问题，则将其提供给质检人员进行审核确认，自动化的质检有效提升了质检覆盖率和工作效率。

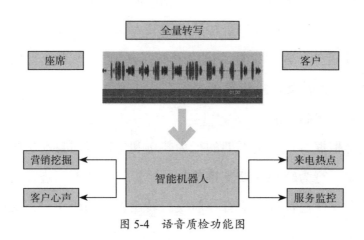

图5-4 语音质检功能图

基于语音识别的自动质检，使得质检更加高效、公平、合理，帮助人工质检员工作，减轻质检工作量，监督客服工作。呼叫中心智能语音分析系统将发挥语音分析的指南针作用，智能呼叫中心通过对重点关注业务的来电原因分析、通话时长分析、满意度分析、重复来电分析等，及时把握客户需求和热点变化趋势，发现服务过程存在的问题或服务风险，迅速采取有效应对措施，为推动服务和营销提升提供有力支撑。

3. 客户之声

客服中心作为对外交流的重要窗口，汇集了盈千累万的客户联络信息，包含客户的需求、问题、投诉、建议及偏好等重要信息，蕴含着企业改善产品设计、优化服务流程、提升客户体验及加强营销效果的重要价值信息和参考依据，是企业以客户为中心战略转型和持续发展的推动力。

"客户之声"的价值挖掘奠定了客服中心作为"价值中心"的基础。这里的价值挖掘是指以发现有助于提升服务水平、产品质量、流程效率及客户体验等为目的，对各渠道客户联络信息进行收集、汇总和深度挖掘的大数据应用场景，其应用实现主要分为以下三个层面（参见图 5-5）。

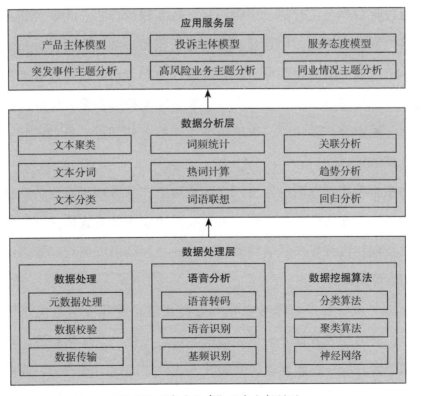

图 5-5 "客户之声"业务分析模型

（1）源数据采集汇聚

以客户联络信息为主线，针对各渠道信息进行数据提取、转写和清洗等数据准备工作，采集范围包括语音通话数据，文本客服、微信、微博及社群等渠道的文本数据，以及相关业务系统所产生的结构化数据。

（2）数据处理分析

目前，客服中心数据量最大的依然是语音数据，在座席系统中设立价值信息采集模块收集客户反馈，通过语音分析技术，将客服中心海量语音数据转化为文本数据；通过非结构化大数据分析，将客户录音中有价值的信息整理提炼；通过价值信息流转到管理平台并将其推送到业务部门，不断改善产品和服务，推动客服中心从服务部门向决策支撑部门转型、从售后服务环节向全程服务参与转型。

（3）业务主题分析

通过将数据分类打标，运用趋势分析、根源分析、关联分析及回归分析等数据挖掘算法，构建业务主题分析模型。如产品主题分析、投诉主题分析、同业情况主题分析、突发事件主题分析、高风险业务主题分析、服务态度主题分析等，从产品、服务及流程等多个方面深度挖掘价值信息，洞察客户关注点、市场敏感点、服务薄弱点、疑似风险点等热点及重点信息。

在座席系统设立商机模块，将客户对于产品有购买意愿的商机发送至相关系统，支持商机以抢单、派单或直接发送等方式传递至客户经理或理财经理，再将客户经理或理财经理的处理结果反馈至座席系统，形成营销推荐闭环。

客户之声将客户与呼叫中心历史交互信息及业务信息发送到大数据平台，助力相关数据分析平台形成客户全方位、立体化画像，辅助营销。基于客户统一视图推荐，开展呼入式营销和呼出式营销。简单、低风险业务直接落单，复杂业务预填单并由客服预审，高风险业务智能化派单至客户经理处理。对于投诉客户，根据客户历史行为记录，为客户提供专属的产品和服务，化解客户不满情绪。同时将客户意见和建议发布至价值信息平台，为产品部门改进产品和服务流程提供决策支持。

4. 智能外呼

传统的外呼产品，主要以人工外呼为主，相比于机器人自动外呼，存在以下问题：

（1）接听率低，拒听率高；

（2）工作内容重复；

（3）跟踪不便；

（4）人员能力参差不齐，服务质量不统一。

智能外呼使用机器人代替人工进行外呼，大大减少人力成本，助力企业智能高效发展。在与客户沟通的过程中，机器人对实时语音流进行语音识别，挖掘客户意图，根据预置的话术，以真人语音录播或文本转语音（即TTS）播报的形式与客户进行沟通交流。通过对对话内容的识别与筛选，高效准确地锁定意向客户，从而达到提高效率、降低成本的目的。目前，机器人外呼技术已经普遍应用于信用卡催收、满意度调查、新品营销等场景，大幅降低人工外呼压力，提升满意度和调研覆盖度。

智能外呼由外呼任务管理组件触发自动外呼；当用户接通电话，使用语音合成技术，给用户播放开场白，并询问用户意图；当用户回答后，通过语音识别技术，将语音转成文字，交给自然语言处理（即NLP）相关的智能语音交互模块，理解用户的意图，检索知识库，生成对话信息，再通过TTS模块播报给用户。某商业银行智能外呼系统架构如图5-6所示。

智能外呼机器人能够打通服务全流程，只需业务人员在界面上简单配置即可完成复杂的外呼任务，如图5-7所示。

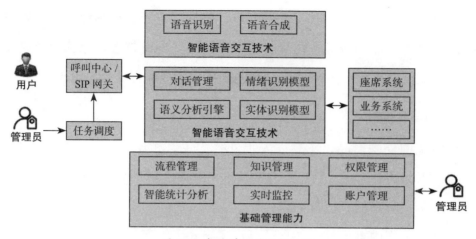

图 5-6　智能外呼系统架构图

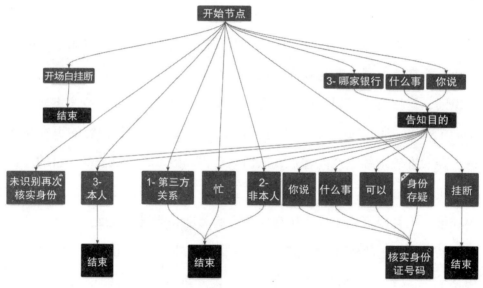

图 5-7　外呼会话树配置示例

智能机器人外呼工作应符合情绪标准、应答话术标准、客户分类标准、执行标准，智能机器人能够自动采集行业所需的资料、自动拨打客户电话进行营销、筛选意向客户、确定意向客户，满足目前销售公司的销售线索搜集需求。相比于传统的机器人外呼，智能机器人外呼有以下优点：

（1）客户意向精准分析

在面对海量客户群体时，通过批量外呼，以及与客户的对话时间、对话轮次、对话时客户的关键词触发，筛选出客户的意向强弱，帮助销售人员在做二次销售时能够快速把握客户的意向，大大提高外呼人员的外呼精准度。

（2）支持无差多轮对话

基于深度学习技术和语言库，能够自动扩展知识库里的相似问题，并基于语义分析智能引擎进行语义分析与匹配，在与用户交互过程中提供无差多轮对话，精准获取问题，使得智能机器人回复的准确性超过90%。

（3）精准场景高质量话术

可快速梳理外呼场景，并设定相应的高质量外呼话术，让外呼效果事半功倍。

（4）真人语音情感丰富

采用真人语音录制模式，增加人与人之间的信任感，对话过程中还会添加暖场语之类的话术，保证对话的质量，让客户更易接受。

如图5-8所示，传统的人工外呼，每天只能拨打或接听150～250通电话，而机器人则不用休息，无缝拨打。智能外呼代替了大量简单重复工作，同时保障服务质量。据统计，使用智能外呼后，可节省工时60%。

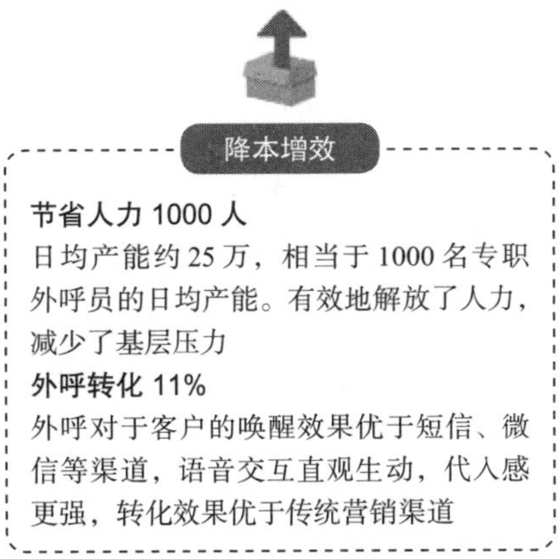

降本增效

节省人力1000人
日均产能约25万，相当于1000名专职外呼员的日均产能。有效地解放了人力，减少了基层压力

外呼转化11%
外呼对于客户的唤醒效果优于短信、微信等渠道，语音交互直观生动，代入感更强，转化效果优于传统营销渠道

图5-8 传统外呼与智能外呼对比示例

5. 知识库平台

知识库是指通过标准化操作流程，对知识进行检索、管理、沉淀，建立知识管理平台，实现各类产品、业务知识、市场活动的全渠道共享，支持内部全员座席、网点大堂经理、总分行业务部门使用，支持外部网点客户及对接互联网使用。

呼叫中心、客服中心以及客户联络中心的业务核心本质都是信息的传递、知识的解答，把与产品和服务相关的信息传递给客户，同时又把客户的需求、疑问和建议反馈给企业管理者、产品生产者，从这个角度来看，呼叫中心是一个知识中心，必须建立一个高效、实用、多渠道的知识平台。当一个呼叫中心未建立知识库时，存在以下困境：

人员类困境：员工人数逐渐增多，流动率比较大；员工素质相对偏低，难以缩短培训时间；技术含量高的问题不能及时解决，难以提升咨询效率和质量。

管理与支持类困境：规范不能及时掌握；咨询服务经验难以共享；专家头脑中的知识没有被很好地发掘和利用；岗位工作没有持续优化的措施。

业务类困境：产品品种繁多、更新变化快，业务知识多而细；规范多、政策多、调整快，用户咨询千奇百怪；业务处理流程复杂，个性化培训要求不断提高。

针对上述困境，如何破局？建设统一的知识库平台必不可少，知识库系统的基本架构如图 5-9 所示，其主要内容如下：

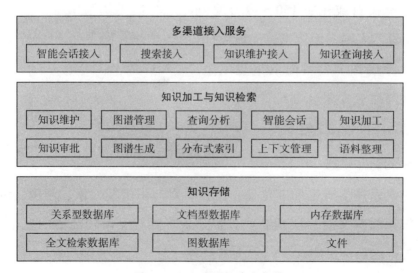

图 5-9　知识库系统基本架构

（1）知识维护

知识维护是知识库提供查询互动的基础，知识内容的丰富程度也代表着知识库真正的价值。商业银行多年发展历程中积累的文档、结构化数据、多媒体知识和公共信息都以多彩的方式在知识库中展现，如目录、属性、关键字、标签空白域等。

为了立体化知识体系，常见问题可通过层级目录及自定义标签进行设置，并具备语料的场景化及差异化配置。属性还可同步至运营管理App、培训等各系统知识库模块显示。

随着知识日积月累地增长，知识的更新、沉淀是持续渐进的过程。每次文档及FAQ更新后原知识条目版本作为历史版本进行另存，并在历史版本库中保存，供查询对比。

知识库的维护不仅仅是人工干预的过程，还可自动吸收机构管理系统、自助设备管理系统以及后台系统自动读取基础机构、自助设备信息以及理财产品信息，并可对每一条机构及自助设备信息进行特定内容项的信息补充与修改。

（2）知识查询

知识查询包括知识搜索和知识展示。知识搜索方式包括智能搜索、全文搜索、高级搜索、定位搜索、语音搜索。知识搜索是知识库的核心功能，它能够从海量数据中快速检索出用户需要的数据。

智能搜索是基于用户搜索的内容，理解用户的搜索请求，精准获取相关知识。智能搜索同时还配有智能即时提示（根据已输入内容显示关联的内容）、错别字纠错、拼音识别等功能，可辅助用户的输入过程，提高问题输入的准确性和速度。支持全文检索、语音及图像搜索等高级搜索。

（3）知识互动

知识互动模块是为解答知识库用户在线疑难问题提供的有效、快捷通道，支持在线问题提交。

用户可直接新建问题或对文档、条目、多媒体知识提出问题，知识库经办人员对问题进行认领并进行处理，处理结果提交知识库复核，复核将阶段处理结果反馈座席并更改问题状态。互动可设置处理时限，当超过规定时限时，系统可通过公告的形式通知知识库经办或者复核。支持对用户及互动内容进行统计并支持查询整体及个人问题的进度。

建设全行统一知识库，为座席、总分行员工和客户提供知识查询平台，实现全行多级共建、全行上下共享、内外部客户共用。同时通过先进的语义分析技术，提高机器人智能程度，提高客户服务智能化，提高知识加工效率。知识库平台为座席、机器人、外呼提供统一的语料管理。

6. 机器人问答

随着呼叫中心进线渠道的增加，电话渠道已经不再是用户进线的唯一渠道，文本渠道、微信渠道等成为电话之外的重要渠道。自然语言处理技术（NLP）和深度学习技术帮助企业构建高效先进的智能问答机器人。通过网页、即时通信工具、社交媒体工具等形式，实现一对多 7×24 小时的智能服务。对外通过漏斗式的服务方式，显著提升服务效率，分流大量人工压力，降低人工服务成本。深度挖掘业务场景、分析用户画像，提供将服务转营销的千人千面精准营销能力，将成本转化为利润。有效改善用户体验和提高用户满意度，全面革新与用户互动方式及内容，全方位提升用户体验。同时满足对内运营、办公、辅助座席等多种场景的智慧化升级需求。图 5-10 为常见机器人问答界面。

图 5-10　机器人问答界面示例

问答机器人架构如图 5-11 所示，对于用户从各种渠道发来的问题，先将问题发送给查询引擎，进行情感分类、敏感词识别、拼音识别、错别字纠正和同义词扩展等；然后将结果发送给数据引擎，通过深度学习技术，查询到结果；再将结果发送给机器人计算引擎，得到机器人问答的最终答案。事实上，上述机器人计算引擎是由多种技术引擎构成的一个融合引擎，如图 5-12 所示。

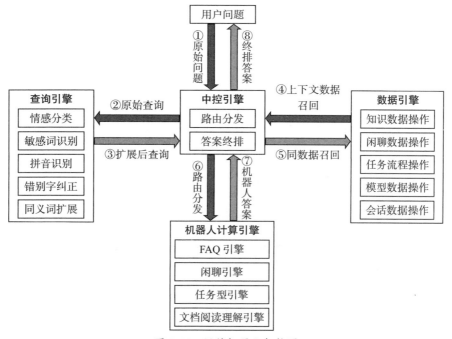

图 5-11　问答机器人架构图

图 5-12　机器人融合引擎

机器人，通过意图识别、知识图谱、多轮对话等能力，主动逼近用户的真实意图，返回用户需要的答案。中国银行的多渠道客服系统概况如图 5-13 所示。

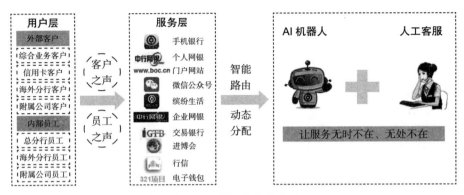

图 5-13　多渠道客服系统

目前，某国有商业银行智能机器人会话量约 8 万通 / 月，按人工座席会话量约 350 通 / 天计算，相当于 224 名专职在线座席的日均产能。由此可见智能机器人有效地解放了人力，减少了基层压力。同时，在新线接入页面访问量激增（涨幅 109%）的背景下，处结率由旧线的 42% 提高到了 80%，涨幅达到 38%。通过智能机器人问答，大大减少了用户等待，提升了用户满意度。

5.2.3　业务价值

通过客户的真实行为和声音传导，为银行业务、服务和流程的改造提供建设性指导意见。同时通过收集客户数据，为营销战略提供分析基础。

此外，在新产品或业务制定之初，客服中心也可以站在客户的角度参与其中，提供更有利于客户使用体验的设计方案。

变被动服务为主动服务。目前客服中心的服务大部分是由客户主动触发，比如客户主动拨打呼叫中心电话或者客户主动利用电子银行进行相关业务办理等。随着整个社会社交化特征显现，在竞争日益激烈的环境下，为提高客户忠诚度，就需要变被动服务为主动服务，如客户使用新业务后，客服人员主动进行跟踪，主动对客户进行满意度调查，以便第一时间将问题反馈给相关部门，或利用后台系统，通过电子渠道为客户提供文字类的客户关怀等。

变"任务式"营销为精准营销。以往银行业营销方式以理财经理对营业厅内的客户进行产品介绍或呼叫中心的"一句话"式营销为主，不能在客户需求的第一时间提供真正适合客户的产品。随着"一体化"后台系统对客户全渠道行为的跟踪，可第一时间获得客户动态，并通过大数据分析其潜在需求，进而进行"关键时刻精准营销"。另外，在"跨界营销"盛行的时代，银行业也可以依托现有的银行客户，进行"跨界+流量经营"。如银行可通过客户信用卡支付记录等大数据，分析客户生活中的产品使用偏好和需求，将银行相关合作厂商的产品通过各电子渠道推荐给客户，以实现精准营销。这种全新的合作模式，也会促进客服中心由成本中心向利润中心转化。

5.3 智能渠道

5.3.1 背景

人工智能自诞生以来，各行各业都在探索它的应用。

近年来，随着网点市场竞争日益激烈，银行获客黏客要求越来越高，网点转型一直在持续探索中，事实上，科技在整个银行转型过程中不止一次发挥了重要作用。金融科技 1.0 时代，计算机进入银行系统，后台业务电子化极大提高银行运行效率，前台业务电子化（ATM、银行卡）使银行业务跨越了时间的限制；金融科技 2.0 时代，移动互联网的出现使银行业务进一步跨越了空间；金融科技 3.0 时代，人工智能、区块链、云计算、大数据等新型 IT 技术的出现，有望推动整个银行业再一次转型，重塑银行业的面貌。

随着银行业务数字化水平不断提升，银行网点客流量、交易量正在萎缩，"未来银行是否还需要网点，网点应该如何定位"正在成为银行关注的核心问题。

自2013年以来，四大行迅速响应市场变化，陆续启动了智慧银行的试点，在网点转型升级方面纷纷发力，积极探索未来银行的创新发展趋势，重新审视网点的定位，大力推进网点转型及其与人工智能的融合，智能柜台应运而生。

5.3.2 现状

智能柜台区别于银行柜面业务，是统一的软硬件一体化的、未来网点智能自助化的服务平台。

智能柜台主要包括厅堂版、现金版、对公版多种设备形态，逐渐成为线下对客服务的主渠道。以智能柜台PAD为核心，实现厅堂内的调度管理，借助生物识别、大数据应用等新技术，实现到店客户的智能识别和营销产品智能推荐；以智能柜台管理端为核心，实现网点综合化管理，包括设备管理、人员管理、角色管理、风险管理，通过移动端（行信）和PC端全方位展示网点运营情况，促进线下流程优化、人员转型和营销升级。

智能柜台在支持"数字化银行"建设、加速网点转型方面，释放出越来越大的潜力。以中国银行为例，2020年1月至2021年10月，智能柜台服务到店客户总计1.59亿人次，累计拓展新客户2388.9万人，累计开立借记卡4305.45万张，签约手机银行5914.6万户，分流近7成到店客户。累计上线54大类、281子类服务场景，形成了覆盖不同客群、不同场景的家族式服务体系。智能柜台的出现，逐步改变了网点的服务格局、经营模式和发展理念，成为未来新银行建设的重要一步。

人工智能技术在智能柜台产品中被广泛应用，如大数据、人脸识别、活体检测、OCR 文字识别、指静脉识别等新技术被用以实现数字化风控和分析。

下面详细介绍智能柜台中的人工智能技术。

5.3.3 主要用法

1. 指静脉识别

指静脉识别是生物识别中静脉识别的一种，首先通过指静脉识别仪获取手指静脉血红素分布图，根据专用算法从分布图提取特征值，通过近红外光线照射，利用 CCD 摄像头获取手指静脉的图像，将手指静脉的数字图像特征值进行存储。识别时将提取的特征值与存储的特征值数据进行对比，得出识别比对的结果，以此达到身份识别的目的，是具有高精度、高速度的生物识别技术。

针对金融行业的高安全性，必须使用新一代的生物识别技术。指静脉识别技术的安全优势和特点，为这种高安全需求提供了更好的解决方案。

智能柜台作为未来银行的核心及主自助渠道，密码的高安全需求与指静脉识别技术十分契合（参见图 5-14）。目前，智能柜台可以新增和修改指静脉资料。

图 5-14　中国银行智能柜台指静脉识别

在智能柜台新增指静脉功能菜单，当存量客户进入指静脉功能页面后，客户可选择录入指静脉和修改指静脉。录入时，由审核员见证客户录入指静脉。修改指静脉时，会先删除已留存的指静脉信息，再重新录入。当检测到客户在系统中已留存过指静脉时，系统会默认以指静脉作为优先确认交易的方式。客户在确认交易后，系统会直接进入读取指静脉的页面。界面会以文字的方式提示客户"请阁下将手指放入指静脉读取器"，指静脉读取器会亮起提示灯。客户将手指放进指静脉读取器后，系统会读取其指静脉，并与其留存的指静脉做对比。若两者匹配，界面会弹出继续交易的提示框；若两者不匹配，界面会弹出提示语句"指静脉验证失败"。

在各种生物识别技术中，指静脉识别是利用外部无法直接看到的生物内部特征进行识别的技术，这种高防伪性的生物识别技术（即第二代生物识别技术）备受瞩目。身份认证时录入的指静脉图像，是活体才存在的特征，非活体的手指是得不到静脉图像特征的，因而造假成本与技术门槛极高。

指静脉识别的活体特性，比指纹类的识别技术跨进了一大步。

2. 语音识别技术

近些年随着语音识别技术越发成熟，该技术已经逐渐应用到各个领域中，比如现在市面上许多品牌推出的智能管家，语音识别客户的指令，完成一些简单对话，这些功能都用到了语音识别技术。语音识别技术在智能渠道中的应用也有了一些探索和实践。

传统的渠道交易场景，是在人工服务的银行柜面主要通过客户提出诉求，柜员获取客户诉求并完成相应交易场景的过程。近些年火热发展的智能柜台以及大家熟知的ATM机则是靠客户手动操作输入指令信息来完成一系列交易场景的。当前智能柜台系列产品的诞生虽然对银行的未来发展有重要意义，但是从服务的角度上来说，客户的语音数据这一重要信息被弱化甚至忽略。想要进一步优化客户服务，或许可以从海量语音数据着手。客户自己识别并主动选择服务与客户直接提出服务诉求两种方法相比，自然是后者更贴近服务客户的理念。如果我们的智能终端设备都能像柜员一样，对于客户发出的语音指令都能精准识别，精确服务，那么客户体验将再次迎来质的飞跃。但由于人类语言的多样性，发音的复杂性，以及语言中还会包含大量的语气变化和上下文信息等因素，语音识别技术还不能完全做到取代人工客服。但是我们对语音识别技术在渠道类服务的应用场景中的使用已经做了很多尝试。

对于靠客户主动选择服务的智能柜台等智能终端来说，让客户在某一个具体场景下根据页面提示一步步地完成交易场景并不难，问题在于客户不知道自己想要完成的交易界面入口在哪里，智能终端的菜单划分虽然已经尽可能简明扼要，但是面对海量的菜单按钮，客户在识别判断功能和寻找菜单过程中可能会花费较多时间。如果在寻找菜单过程中加入语音识别技术，将极大改善用户体验。通过提示客户说出激活指令，例如"你好，甜甜"，来激活语音识别服务，然后通过智能问答引导客户说出服务诉求，比如客户提出"我想开银行卡"，智能终端通过语音识别客户诉求跳转进入开卡的交易场景中，客户再根据页面提示完成交易场景。这个过程中，语音识别技术的使用很大程度优化了客户体验。语音识别技术的应用包含以下几个关键点：一是激活语音识别功能。语音识别功能的触发可以是被动激活模式，比如上述例子中描述的激活指令"你好，甜甜"，或者是主动激活模式，通过和其他技术联动完成，比如可以通过红外信号感知，当客户接近时自动激活语音识别功能并发出语音问询，呈现主动给客户打招呼的效果。二是语音识别。对周围发出的语音信息进行识别，这里的识别可以是开放域识别（无须预先指定词语范围），也可以是封闭域识别（识别范围为预先指定的词语范围），两种模式可以在具体应用场景和技术实现等方面衡量之后做出选择。通常对于银行来说，封闭域识别更为常用且高效。首先在部署上，封闭域识别的识别范围可控，模型规模更小，甚至可以实现在客户端部署，这样会提升响应速度，而且其目的主要是帮助客户完成交易，银行的交易场景存在固定范围，所以封闭域识别能更有效满足客户体验。三是执行语音识别结果的命中指令。上述例子中弹出场景菜单即为命中指令执行的过程，可以根据具体场景需要配置不同的执行指令。

相信随着这项技术的精准性、安全性等性能的提升，语音识别技术在未来的智能渠道发展中会发挥越来越重要的作用。

3. OCR文字识别技术

简单来说，OCR文字识别技术是将纸质文档图像化，再将影像中的文字信息提取成计算机文字的过程。对银行业来说，交易过程中经常用到客户的很多实体证件或材料，比如客户的证件资料（身份证，护照等），客户的辅助材料（房产证，营业执照等）和客户的交易介质（如银行卡）等，这些证件或材料中所涉及文字信息是一些交易场景中的重要输入，传统做法是采用人工输入的方式填写这些信息，耗时费力，延长交易时间并且降低了客户体验。OCR文字识别技术能很好地解决这一问题。

下面以对公开户场景为例来说明OCR文字识别技术在交易场景中的应用。对公开户过程中会涉及采集客户的开户许可证信息、营业执照信息和身份证信息等，在客户办理过程中，通过客户端的摄像头引导客户完成上述证件的影像采集，再调用后台搭建的OCR文字识别服务接口完成识别功能，将接收到的识别结果回显至客户端交易界面，因为OCR文字识别结果存在偏差，所以识别结果的回显项都是可编辑状态，以供客户核对校正。这样一来，客户无须手工填写大量的证件信息，只需要核对校正采集到的信息即可，大幅提升了客户的使用体验。

OCR文字识别技术的使用过程包含以下几个关键点：一是图像采集，通常使用扫描仪、摄像头等采集要用来OCR识别的材料的图像；二是文字识别，调用 OCR 文字识别功能接口完成识别过程，得到识别结果；三是人工校验，因为当前 OCR 文字识别率还不能保证达到百分之百，为了保证交易信息准确，人工校验的过程是必须的，比如在上述对公开户过程中，回显可编辑的识别结果到界面供客户校正就是一种人工校验的过程。

4. 人脸识别

（1）客户到店识别，精准营销

在网点厅堂内部署摄像头，对于已在银行留存证件照片的到店客户，通过对比捕捉到的客户人脸与证件照，自动识别客户身份，进而从银行客户信息系统内检索客户个人信息，以及客户等级、银行资产负债和签约产品等情况，在银行工作人员的电子设备上进行展示，方便开展营销工作。

（2）自助交易过程人证一致，防范业务风险

客户手持证件在网点厅堂内的自助设备上办理业务时，可通过设备的摄像头采集客户人脸照片，通过与证件照对比，确认是否为本人持证办理。对于人脸比对不通过的实例，进行人工审核，进一步防止冒名顶替。

（3）客户离场检测

网点内有些业务需要客户全程现场参与，为防止客户在交易途中离场，可以通过摄像头按一定频率捕捉交易场景画面，检测其中的人脸，并判断当前交易的客户是否在场景画面内，对检测不到的情况进行报警或暂停业务。待再次检测到客户人脸后，继续业务流程。

（4）银行工作人员刷脸登录

对于网点内需要银行工作人员参与的交易系统，或内部办公系统，如依托于平板或手机等硬件平台，可以通过设备自带的摄像头采集工作人员的现场人脸照片，并与在数据库中预录入的证件照或工作照进行对比，以完成身份核实，从而实现刷脸登录。

5. 指纹识别

与人脸识别技术类似，人体指纹也具有唯一性，通过特征提取等手段，可以方便地进行存储和计算。但因为一般的指纹采集设备都在操作上限制了用户主动触发进行单一指纹的采集，所以指纹识别仅包含1比1指纹匹配和1比多指纹检索两大类。在银行网点渠道内，指纹识别技术可以应用到以下场景：

（1）业务授权

在一些具有业务风险的业务场景，交易流程需要柜员分级授权，此时使用指纹识别技术，可以快速确认授权人的身份和角色，实现授权功能，以确保客户信息正确，工作人员操作合规。为防止指纹比对多次失败，影响正常的业务流程，可以提供录入密码的备选操作进行应急。对于多次比对失败的情况，还可以通过记录报表，进行后续追踪，防范冒名风险。

（2）银行工作人员刷指纹登录

对于网点内需要银行工作人员参与的交易系统，或内部办公系统，可以通过指纹采集设备采集工作人员的现场指纹，并与在数据库中预录入的指纹对比，以完成身份核实，从而实现刷指纹登录。

5.3.4 业务价值

线下渠道服务和人工智能技术带来了"1+1>2"的客户体验效果。无论是传统网点还是智慧网点，无论是ATM机等老牌服务渠道还是新兴的智能柜台等智能设备，都因为人工智能技术的使用变得更加便捷、高效、安全。

智能渠道在人工智能技术的支持下，在支持"数字化银行"建设、加速网点转型方面，释放出越来越大的潜力。具体体现在：

改变了网点服务格局。以智能柜台为首的智能渠道成为网点的主流服务模式，逐步超过人工柜台，主渠道定位进一步巩固强化。全场景引入人脸识别功能，通过将人脸识别签入审核关键路径，有效地减轻柜员客户身份审核压力，降低客户冒名风险。人脸识别完成超过亿次人脸比对，日均交易量超过百万笔。服务模式变革，也盘活了网点人员。网点人员的岗位分布和素质要求有了全新变化，开启新职业起点。

改变了网点经营模式。厅堂内外，两个战场共同发力。厅堂内的智能柜台、智能茶几、智能机器人等多形态产品服务客户；厅堂外，移动柜台助力客户服务，人脸识别技术、指纹识别技术为交易安全保驾护航。线上线下，两个入口交叉导流。智能渠道助力推广手机银行开户等交易，有力支持手机银行业务量再翻番。数字营销，精准识客拓展流量。将大数据分析、生物识别等技术引入智能柜台场景中，打造新销售模式和新管理模式，对客户金融资产精准分析，挖掘潜力客户，建立相应营销场景和客群，形成闭环营销。全面服务，精准营销，挖掘客户，助力网点新发展。

改变了网点发展理念。生产力的升级，正推动各级管理者（特别是网点管理者）转变思维，以智能柜台为抓手，联动产品、流程、风控、权限、劳动组合、服务模式等的深刻变革，网点转型成为开启新银行建设的重要一步。

这些成绩的取得，从一个侧面也反映出金融与科技、业务与技术的融合不断走向深入，正迸发出强大的生产力。

5.4 智能营销

5.4.1 背景

随着科学技术的发展以及互联网的普及，人们每天接触到的理财产品和资讯信息的种类和数量都在大幅地增长。对于用户而言，要从大量的资讯信息中获取有用的理财信息，从近千种理财产品中选出自己想要的产品，考虑不同的搭配方式，既费时又费力，这会逐渐降低用户的体验感和满意度，进而导致客户流失。

银行业自身的业务形态产生了大量的数据，包含各种理财产品的交易、日常消费行为、客户理财产品的浏览记录、客户的关系网等。这些数据具备四大特征：数据量特别大、数据质量特别高、数据价值特别高（大量数据直接指向资金流动、偏好，很好地体现了用户的消费意图、风险承受能力，暴露用户的财务状况、投资目的）、数据可定位性特别好（容易获取用户的身份信息，甄别不同用户以及用户的关系网）。从这些海量数据中获取有价值的信息，从而更好地服务于客户，达到活客、获客、留客的目的是银行最为重要的核心战略能力。

智能推荐就是根据人们过去行为产生的数据，综合大数据分析等技术，预测未来某一个时间段内人们的需求，从而给出能够满足人们需要的产品推荐。在智能推荐应用中，亚马逊[31]就是一个很好的例子，随着商品种类的增加，亚马逊的数据分析和推荐能力也在不断地加强，这家电商巨头通过智能推荐获取了至少35%的销售额[32]。因此，结合自身产生的大量有价值的数据，为客户智能推荐基金、保险等重点产品，既可以提高销售业绩为银行创造利润，又可以提高客户的满意度，是目前金融行业最为重要的经营方式。

本小节将以目前中国银行智能推荐实际的应用场景为基础，介绍智能推荐在重点产品销售中的应用。通过分析用户信息、历史购买行为以及产品信息为客户推荐基金、理财、保险等重点产品，从而提升客户体验，增加客户黏度。

5.4.2 智能推荐应用

智能推荐的基础是数据，该应用设计使用的数据内容主要包含用户自然属性、用户特征偏好、理财产品属性、理财产品的交易行为数据四个方面：

用户自然属性数据方面：客户编号、年龄、性别、持有理财产品数、理财产品金额、有无客户经理、存款等；

用户特征偏好数据方面：用户风险承受能力评定、用户资产潜力评定；

理财产品属性数据方面：理财产品代码、理财产品名称、货币类型、理财产品单位净值、理财产品总份数、认购方式、分红方式、指定赎回方式、最低持有份额；

理财产品交易行为数据方面：交易时间、客户代码、货币类型、成交份额、理财产品单位净值、成交金额、手续费等多个属性维度。

依据这四方面的数据，采用基于协同过滤的推荐算法为用户推荐基金、理财、保险等重点产品。该智能推荐系统主要采用了基于产品的协同过滤算法和基于用户的协同过滤算法两种方式。

基于产品的协同过滤算法[33]是2001年在第10届万维网大会上Sarwar教授提出的，其基本思想是将与用户喜欢的产品相似的产品推荐给用户。因此在该智能推荐系统中通过计算各个重点产品的相似性，得出可以向用户推荐的重点产品。基于重点产品相似性的协同过滤算法的实现主要可以分为以下两个步骤：

1. 计算重点产品之间的相似度

根据重点产品 i（基金、理财、保险等）被用户购买的情况，以及产品的风险等级、收益、要求的客户等级等，构建产品向量，同时以相同的方法构建重点产品 j 对应的产品向量，采用 Jaccard 系数计算两个向量之间的相似性 S_{ij}。

2. 计算推荐重点产品列表

将系统中的其他重点产品与目标重点产品 i 的相似度按照从高到低

的顺序排序，选取重点产品列表中的前 k 个重点产品作为目标理财产品 i 的 k 个最邻近重点产品，形成最邻近理财产品集合。再依据目标用户对 k 个最邻近理财产品的购买行为，计算出目标用户对目标产品 i 的预测评分值。依据计算出的目标用户对重点产品的预测评分值，按照从高到低的顺序，提取前 M 个重点产品推荐给目标用户。

由于系统中商品的种类和数量变化频率很低，该推荐理财系统中采用离线的方式计算重点产品之间的相似性，并定期更新，节省了在线推荐需要的时间，并保证了推荐产品的时效性。

由上面的实现过程可以知道，如果用户没有买过重点产品，那么该方法就无法准确地为用户推荐重点产品，因此本系统还采用了基于用户的协同过滤推荐算法。

基于用户的协同过滤算法[34]首先假设用户与用户的行为之间存在某种相似性，算法通过计算用户关于某些属性之间的相似性，将具有相似性的用户喜欢或者购买过的商品推荐给目标用户，基于用户的协同过滤算法也分为如下两个步骤：

1. 计算用户之间的相似度

根据用户 A 的年龄、资产、风险等级、历史持有的重点产品、消费行为等信息，构建用户的向量，以同样的方法构建用户 B 的对应向量，采用 Jaccard 系数计算两个向量之间的相似性 S_{ab}。

2. 计算目标用户的推荐列表

将系统中的其他用户和目标用户 A 的相似度按照从高到低的顺序排序，选取用户列表中的前 k 个用户作为目标用户 A 的 k 个最邻近用户，形成最邻近用户集合。依据这 k 个最邻近用户对重点产品的购买行为，计算出目标用户对各个重点产品的预测评分值，然后依据预测评分值由高到低的顺序选取前 M 个产品作为目标用户 A 的推荐产品列表。

基于用户的协同过滤算法在智能推荐系统中得到了广泛的应用，但是随着系统用户数量的不断增加，算法的计算量也在不断增大，需要庞大的时间和空间消耗，导致算法很难保证推荐的实时性。因此，为了保证准确性和时效性，需要首先对用户进行聚类，如按照不同的年龄层级、是否为跨境客户等，再基于同类用户进行基于用户的协同过滤推荐，保证系统的稳定运行。

本系统由于同时采用了基于产品的协同过滤和基于用户的协同过滤，对目标用户产生的推荐产品列表包含两部分，这两部分数据展示时分别占有的比重会按照实时的用户点击数据进行调整。

5.4.3 智能推荐价值和展望

对于智能推荐的产品，依据点击率、购买率、准确率以及召回率进行了统计分析评价，统计结果显示，智能推荐的效果明显优于热门和随机推荐的效果，目标客户的忠实度和满意度有了很大幅度的增加，并且重点产品（基金、理财、保险）的销售业绩也呈现出一定程度的增加，其中 2020 年 7 月份智能推荐功能中基金的成交额超过 22 亿，表外理财也超过了 130 亿，为客户经理减轻了工作量，为银行创造了更多价值。

目前，该智能推荐系统主要以客户的自然属性和历史数据为基础，为了能够更好、更及时地抓住用户的行为特征，应该再综合考虑客户手机端浏览重点产品的数据、在线记录，以及用户的社交关系数据等，更为准确地分析用户的特征信息，找到更为有用的价值；并且在保证数据安全的前提下，将智能推荐研究和各个领域的数据关联，得到让用户更为满意和放心的推荐结果。

5.4.4 流失预警

客户的生命周期包含客户获取、提升、成熟、衰退、流失五个阶段，在每个阶段需要采用不同的营销方式来提升客户价值，在获取阶段应关注潜在客户定位，挖掘新客户；提升阶段要注重新客户的培养以及对客户进行精准营销、渠道交叉销售；客户成熟阶段要做好综合解决方案，提高客户的忠诚度；在客户的衰退阶段应该做好客户流失预警和沉默客户的激活；在最后的客户流失阶段应该做好流失客户的赢回工作。人工智能可以在客户生命周期的不同阶段，为客户提供相应的服务，为营销人员的营销工作提供参考。

在客户的衰退期需要开展客户流失预警与智能挽留工作，其主要思想就是在客户还未流失时，捕捉客户的行为，发现客户的流失踪迹，并计算客户在下个阶段的流失概率，同时，找出客户流失的原因或特征，营销人员可以根据流失概率和客户的流失特征对相应的客户开展挽留营销。

如图5-15所示，流失预警模型的整体流程由4个模块组成，包括需求分析、模型训练、流失预警和分层挽留。需求分析和模型训练模块需要在线下完成，流失预警和分层挽留需要在线上完成。在需求分析阶段，主要是与业务人员讨论流失的原因，最终以"客户资产较低或降级"作为统一的流失标准。在模型建立中采用了相应的人工智能算法，包括决策树、逻辑回归、神经网络，并对三种算法进行评估，最终根据模型可解释性、效果和性能等多方面的原因选择了逻辑回归作为最终的模型进行预测。由流失预警模块产生的流失客户的名单一方面会发给客户经理做线下的营销，另一方面，总分行的业务管理人员也可以对流失客户进行针对性营销。

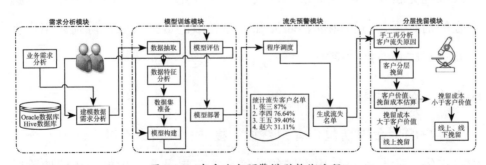

图5-15 客户流失预警模型整体流程

5.4.5 智能投顾

在资管类产品日益丰富，产品风险属性多样，无风险利率持续下行的背景下，通过单一存款或固收类产品吸引投资者的模式难以长久维续，以主动管理型产品、组合配置投资方案和顾问式客户维护为主要形态的综合财富管理业务将迎来良好的发展机遇。智能投顾的应用，为财富管理机构提供个性化、低成本、高效率以及透明化的服务。

5.5 智能投资

5.5.1 背景

传统的金融交易，以个人手工操作为主体，由交易员或投资者根据市场形势、自身头寸情况进行交易决策，这种投资模式具有很强的随机性和主观性，往往很难克服操作员的贪婪和恐惧心理。随着计算机软件技术、计算性能的发展和提升，交易策略被归纳为逻辑规则，程序化定价和交易工具被设计和开发出来，替代了手工操作。近年来，随着神经网络、人工智能等新技术的迅猛发展，以及基于对大数据的智能回测平台、智能情绪分析、智能定价等领域的不断研究，国内金融业开始了将新技术运用在投资领域的探索。目前在国内权益类和商品市场领域，多家数据提供商、互联网公司、金融机构实现了基于资金、债券和商品期货的量化投研平台，越来越多的专业机构客户和个人投资者学习并掌握了金融工程的基础原理，开始使用编程脚本等方式实现投资模型或预警的智能投资策略，后来又出现了由人工智能程序自主学习、自主生成交易策略的智能交易技术。交易的程序化、自动化、智能化的发展趋势，给金融市场带来深刻变化。

量化智能投资是在传统金融学基础上发展起来的一种程序化交易方式，在程序化交易中，国际先进同业主要在高频算法交易、程序化做市报价及人工智能这三个方面大幅领先。

高频算法交易是利用高性能软硬件及网络技术，在算法策略的规则下高频率地发起并达成交易。程序化做市报价是做市商根据做市报价策略模型，综合评估市场价格、自身持仓等因素，确定最佳报价，利用计算机程序自动对外发布并为市场提供流动性。人工智能是让机器具备自我学习能力、语言识别能力和专家知识库，根据市场、舆情及知识储备进行自主预测、决策和执行交易。

5.5.2　高频交易

在高频算法交易方面，摩根大通从 2010 年开始，用了一年半的时间，完成了全行高频算法交易业务和技术体系的更新换代，在美洲、欧洲、亚洲建立并完善了量化交易专职团队。又经过 5 年左右的发展，它在外汇交易中程序化执行的比例已达 95%，商品交易中程序化交易的收入贡献比例达 75%，同时将每笔交易的单位成本降低了 50% 左右。花旗、美银美林、巴克莱等银行不但自己有算法策略交易能力，还能将策略包装，向客户提供外包策略交易服务，形成对客交易业务的核心竞争力。全球最大电子外汇交易撮合平台之一 ICAP-EBS（CFETS 的合作方），面向所有用户开放了高频交易接口，可以处理万分之五秒（0.5 毫秒）间隔的交易行为，同时可对如此海量的数据使用数据挖掘技术进行统计分析，并进行市场预测。国际上大多数高频交易都采用"交易所主机托管"模式，将交易服务器部署在交易所指定的近距离数据中心，以便最大限度地降低网络延迟，提高交易反应速度。

高频交易通常具有如下特征：

一是基于某种复杂的预定交易策略，利用高性能计算机和 IT 技术以极高频率关注交易行情信息，自动进行决策、生成委托单、执行成交程序；

二是通过主机托管（co-location）、直接市场进入（DMA）等方式，降低网络延迟时，以最小化反应时间；

三是短线交易、快速买进卖出，头寸持有时间极短，每次赚取微利，一般不会持有隔夜头寸；

四是快速的交易过程伴随着频繁的撤单以及大量的委托订单现象。

5.5.3 程序化交易

在程序化交易方面，芝加哥商品交易所（CME）可通过算法策略进行做市商订单管理。程序化交易巨头 Virtu 公司的交易服务器已经连接 35 个国家 230 个交易所，可跨国、跨交易所对 12 000 个品种进行程序化做市报价。Virtu 每年用于程序化做市技术的人力资源费用和 IT 开发运维费用分别约占其交易收入的 12% 和 10%。纽约证券交易所（NYSE）的 11 家核心做市商中，至少 7 家是 Virtu、KCG 这样专门从事程序化做市的公司，其余 4 家是高盛等亦在程序化交易方面浸润多年的老牌做市商。2016 年，摩根大通正式与高频程序化交易公司开展合作，将程序化做市技术引入债券做市业务。

相对国际先进同业的超前发展，国内金融市场参与者在程序化交易方面起步较晚，21 世纪以来首先在证券、期货、基金行业有所突破。国内商业银行于近几年开展了初步探索，工商银行于 2013 年初成立量化投资处，2014 年年底管理的资产规模已达 100 亿元。

5.5.4 人工智能

金融人工智能巨头 Rebellion 公司在 2007 年推出了第一支人工智能投资基金，它的模型中有上千个变量参数，一个交易决策要使用其中 40～50 个，并可快速进行决策。它利用人工智能技术预测了 2008 年的股市崩盘，并在 2009 年比官方评级机构早一个月给希腊债券降级。由高盛投资并作为其客户的 Kensho 公司，可结合自然语言搜索，用动态数据与实时信息，及时反映市场动态，将发生事件关联金融市场，从而提高决策效率，减少成本。2012 年，在英国政府支持下，咨询公司埃森哲牵头高盛、摩根大通、汇丰等金融巨头在伦敦成立"金融科技创新实验室"，专门研究人工智能及其他各类前沿技术在金融领域的应用，目前合作金融机构成员超过 20 家。

随着 AlphaGo 在围棋领域的获胜，人们尝试在越来越多的领域用人工智能替代人类。在金融投资领域也不例外，国内外新进的技术公司和金融行业在积极投入这一领域的研发，尝试打造投资领域的 AlphaGo，利用大数据和智能算法打造具备投资能力的 AI 系统，量化智能投资就是其中的应用之一。随着资本市场越来越成熟，金融衍生品工具不断涌现以及技术的不断发展，在量化投资领域同样有着人工智能的大量用武之地，量化投资在国内正迎来非常好的发展机遇。将程序化决策应用到金融领域，通过分析历史数据，借助一系列的数学方法进行归类和判断，达到对人的意识、思维的信息过程的模拟。

就像图片特征可以被识别一样，市场特征也可以被识别，将图片中的每一个像素理解成影响市场行情的因素，这些因素就构成了不可预测的特征图。接下来从技术角度进行分析，使用卷积神经网络从大量的市场行情因素中提取特征，降低数据维度，通过大量数据对神经网络进行训练从而得到模型。在行情预测方面，构建一个多层次的异构学习系统，利用正向和反向机制，寻找数据的相关性和潜在规律。常用多层感知和递归神经网络来共同完成特征的识别和行情的预测。

多层感知网络拥有一个输入层，一个输出层和多个隐藏层，每个隐藏层的节点，都包含一系列运算，通过结果反馈机制获得一个最大程度拟合的模型。金融市场有着大量的结构化数据，如行情信息、标的物信息、订单信息，若将历史行情数据应用于这类模型，模型则可以用来进行行情特征的智能识别，若将基本面、财务数据应用于这类模型，模型则可以进行价值投资领域的特征提取。

递归神经网络与感知网络不同的是网络中的每一个节点是顺序链接的，比如一个外部黑天鹅事件，导致市场行情的急剧波动，发生事件和市场急剧波动是有先后顺序的，因此对这种的分析要有顺序先后的概念。递归神经网络能够解决有依赖关系的模型，具有时间的先后次序。金融市场的变化是拥有先后顺序的，利用递归神经网络对历史数据进行训练，学习和掌握市场的历史规律，并利用其时间序列特征进行市场行情的预测。

无论特征的提取还是模型的计算，都离不开大数据的支持，比如市场行情数据，基本面信息，宏观政策面和舆情信息，以及其他宏观行业类数据。智能投资离不开策略的执行决策，包含具体策略的交易执行，利用机器学习系统产生的模型进行自动化交易指令的下达和执行，同时还要进行交易的监控、风控管理和异常处理。还要对交易的执行进行评价和分析，并反馈至机器学习系统进行参数调优。

5.5.5　交易模式

无论在手工情况下，还是智能化情况下，所有的操作最终都要落实到交易层面，常见的交易模式如下：

订单驱动模式（Order Driven Model，ODM）：订单驱动即竞价撮合，在竞价市场中，交易价格由市场上的买方订单和卖方订单共同驱动。如果采用经纪商制度，投资者在竞价市场中将自己的买卖指令报给自己的经纪商，然后经纪商持买卖订单进入市场，市场交易中心以买卖双向价格为基准进行撮合。

ODM可通过点击现有订单价格撮合成交，也可提交订单，与CLOB中其他订单进行撮合，若撮合不成功，则停留在订单簿中。

做市商模式：在这一市场中，证券交易的买价和卖价都由做市商给出，做市商将根据市场的买卖力量和自身情况进行双向报价。投资者之间并不直接成交，而是从做市商手中买进证券或向做市商卖出证券。做市商在其所报的价位上接受投资者的买卖要求，以其自有资金或证券与投资者交易，做市商的收入来源是买卖证券的差价。

5.5.6 订单类型

在外汇交易市场中，当用户下一张订单到市场上，会给出相应的价格和数量，如果市场在这个时间点上刚好能接收客户的价格和数量则订单成交。若这个时间点市场价格对客户订单不利或者数量不足，就要考虑如何处理订单（继续等还是按即时市场价处理），由于市场行情瞬息万变，投资者需要预先设定好方案。此外，如果投资者想在某个点位入场，而操作时间不足，这时经纪商就会提供解决方案。由上述情景产生不同订单类型。

外汇订单类型大致可以从价格层面和时间层面两个维度进行分类。价格层面：可分为市价单（Market Order）和待定单（Meta Trader）；时间层面：可分为即时、挂单、止盈及止损，挂单又分为六种不同的情况，分别是回踩买入（Buy Limit）、突破买入（Buy Stop）、回踩卖出（Sell Limit）、突破卖出（Sell Stop）、突破回踩买入（Buy Stop Limit）、突破回踩卖出（Sell Stop Limit）。

5.5.7 常见策略

量化智能策略一般从趋势判断和波动判断进行研究，依据具体采用的策略分析角度的不同可分为以下几大类，下面将介绍几大类策略的具体应用和场景。

量化择时分析策略：量化择时分析是指利用某种方法来判断走势情况，确定是买入、卖出或持有，通过高抛低吸获得超额收益率。量化择时分析策略又分为趋势跟踪、噪音交易及理性交易几种具体策略。其中，趋势跟踪策略是投资者使用最多的策略，也是历史上收益率较高的策略。趋势策略，即趋势交易，主要通过市场数据计算量化指标，以识别市场趋势。中小投资者经常使用MACD、KDJ等指标作为交易信号，属于趋势交易的范畴。其基本思想是追涨杀跌、顺势而为，不会错失任何一波大行情，在趋势的必经之路上"守株待兔"。

算法交易策略：算法交易主要是研究如何利用不同的方法将单独的大额交易分解为多个小额交易，以减少单独的大额交易对市场价格造成的冲击，从而降低交易成本。算法交易策略具体包括交易量加权平均价格（VWAP）、时间加权平均价格（TWAP）、盯住盘口策略、执行落差策略及下单路径优选策略。

统计套利策略：统计套利是运用统计分析工具对一组相关联的价格之间的关系的历史数据进行研究分析，研究该关系在历史上的稳定性，并估计其概率分布，确定该分布中的极端区域，即否定域，当真实市场上的价格关系进入否定域时，则认为该种价格关系不可长久维持，套利者有较高成功概率进场套利。统计套利策略又包括协整策略、配对利差策略、均值回归策略及多因子回归策略。

相对价值策略：相对价值策略是指利用相关联资产之间的定价误差建立多空头寸以套取定价恢复正常的价差收益。由于某种特定的原因，市场对资产的定价出现扭曲（行为金融学称为Overreact），当一种资产的价值被高估，而另一种资产的价值被低估时，通过买入低估的资产，卖空高估的资产，直至二者的价格趋于收敛而平仓，从而获取价差收益。具体策略包括：分级基金的折溢价套利、分级基金的折算套利、融券配对交易、商品期货的扩市场套利、商品期货的跨品种套利和Alpha策略等。

心理模型策略：根据市场的价量等因素，对市场参与者心理进行分析并预测交易时机。

事件交易策略：事件交易策略是指利用市场对事件的反应进行交易的策略。事件可以是影响广泛的经济事件，也可以是行业相关事件。每个事件对市场产生影响的时间差异很大，高频事件交易策略就是利用事件在极短时间内的影响自动进行交易，赚取利润。

市场微观分析策略：观察市场上细微的变化，寻找交易获利时机。典型代表如 Quote Stuffing（塞单）等。

组合套利策略：组合套利策略是指在期货市场上形成的跨期、跨市和跨品种套利交易策略。具体分为均衡价差策略、套利区间策略、牛市跨期套利、熊市跨期套利及蝶式跨期套利等几种策略。

5.5.8 策略开发流程

如图 5-16 所示，量化智能策略业务流程设计包括开发、回测及仿真、实盘三个阶段。

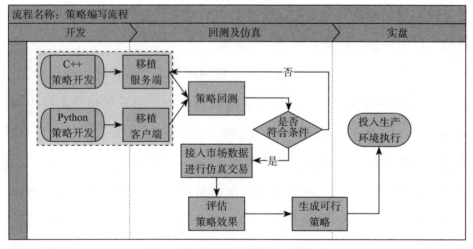

图 5-16 策略开发流程图

开发阶段：策略开发采取代码开发的方式进行，业务技术人员协同开发。对于较为复杂的策略，可先由业务人员绘制流程图，开发人员进行策略翻译。

回测及仿真阶段：验证策略。策略编写结束后进入回测阶段，经过评价后符合要求的策略进入仿真阶段。仿真阶段策略接入市场数据进行仿真交易，并评估策略的效果，最后生成可行策略；如果策略不可行，重新进入开发阶段。

实盘阶段：对可行的策略投入生产环境，进行真实交易操作。

5.5.9 业务价值

量化智能投资的优势在于纪律性、系统性、及时性、准确性和分散化。

纪律性：严格执行投资策略，机器的情绪控制和逻辑推理比人类更胜一筹，可以克服人性的弱点，如贪婪、恐惧、侥幸心理，也可以克服认知偏差。

系统性：量化交易的系统性特征包括多层次的量化模型、多角度的观察及海量数据的观察等。多层次模型包括大类资产配置模型、行业选择模型、精选个股模型等。多角度观察主要包括对宏观周期、市场结构、估值、成长、盈利质量、市场情绪等多个角度进行分析。此外，对海量数据的处理能力有利于在广大的资本市场捕捉到更多的投资机会。

及时性：及时快速地跟踪市场变化，不断发现能够提供超额收益的新的统计模型，寻找新的交易机会。

准确性：准确客观评价交易机会，克服主观情绪偏差，从而盈利。

分散化：在控制风险的条件下，量化投资可以充当分散化投资的工具。表现为两个方面：一是量化投资不断地从历史中挖掘有望在未来重复的历史规律并且加以利用，这些历史规律都是较大概率取胜的策略；二是依靠筛选出组合来取胜，投资组合的理念也倡导捕捉大概率获胜的标的，而不是押宝到单个标的。

5.6 智能风控

5.6.1 背景

互联网金融是当今发展潮流，核心部分在于风险控制。国际上知名的互联网巨头如谷歌、IBM、阿里巴巴、百度、腾讯等的人工智能技术已深入应用到各类的金融产品与服务中。金融行业的摩根大通（JPMorgan Chase）、高盛（Goldman Sachs）等，会计行业的PWC、安永等纷纷紧跟浪潮，在AI结合金融的领域投入大笔资金。

针对目前金融市场现状，结合银行自身对不同类型风险的可控程度，商业银行的主要风险有信用风险、利率风险、流动性风险、汇率风险、市场风险、法律风险、经营风险、管理风险、国家风险、竞争风险、声誉风险。

交易欺诈一直以来都是银行面临的主要风险之一。传统的交易风控系统，结合以往的专家经验及风控的业务知识等，通过人工配置反欺诈规则的方式应对交易欺诈风险。当新交易的信息与反欺诈规则匹配后即执行预先设定的业务策略。然而，随着互联网的繁荣，金融业务领域催生了广泛的交易，金融欺诈产业也因此产生，交易欺诈模式也越发复杂多变。人工设定的规则在规则制定、规则修改、规则验证以及规则发布等环节的效率、有效性、全面性以及成本，都成为银行应对高速变化的欺诈模式的短板。专家风控规则存在以下局限。

一是规则作用的时间有限。一旦发现反欺诈系统的规则漏洞，欺诈分子会迅速调整作案方式。欺诈方式发生改变后，原有的人工配置的反欺诈规则可能会立即失效，规则的有效期可能是几周甚至是短短几天。规则系统需要风控专家每隔几天增加新的规则，设计新的规则因子，删除或更新之前的规则，并对规则进行加权及配置组合规则，新增规则因子可能还需要进行相应的开发工作，这些都无疑提高了运营成本，降低了运营效率。

二是规则引擎虽然能够避免一些历史上出现过的、周期性出现的欺诈案例，但是不会从数据中自动分析观察或从对欺诈案件的反馈中自动学习欺诈模式。如果欺诈者经常改变欺诈方式，甚至主动测试验证规则，专家规则可能会被猜透，因此不但不能学习新的欺诈模式，反而可能导致风控系统间歇暴露在各种新的欺诈攻击之下。

三是专家策略是基于人工经验设定的，参数多为粗粒度的阈值（如转账金额大于 5 万元等整数边界值），无法完全检测到数据细微差别，这会导致欺诈者对规则产生应对后（如贴近单笔转账限额转账），欺诈系统出现更高的误判率，直接影响到客户体验。

5.6.2 现状

智能风控是一个基于人工智能技术的综合性系统工程，它充分利用各种数据，借助机器学习、深度学习和大数据等技术，与传统风控系统的业务逻辑、业务流程等有机结合，解决银行信贷业务中的交易欺诈、网贷申请欺诈、信贷全生命周期风险管理、客户价值分析、逾期客户管理等场景的痛点及问题，最终形成一套完整的风控系统。

传统银行的业务一般是基于线下模式来开展的，缺少线上业务运营的经验，风险控制经验和能力不足，而新兴技术的出现，如人工智能、大数据、云计算推动对多维度客户数据的处理，有利于理解和预测不同客户的行为和需求，提供了个性化服务的可能。对于银行业而言，金融科技在产品与服务创新、运营效率与客户体验方面的优势明显。近年来，智能风控逐渐成为金融领域，尤其是银行业的应用热点，提供了一种贯穿事前预警与反欺诈、事中监控和事后分析全业务流程的风控手段。

5.6.3 主要内容

在智能时代，数据已成为我们的核心资源，成为人类创造出来的用之不竭的新型能源。2020年4月9日，中共中央、国务院印发《关于构建更加完善的要素市场化配置体制机制的意见》（以下简称《意见》），数据作为一种新型生产要素被写入中央文件中，体现了互联网大数据时代的新特征，《意见》提出加强数据资源整合和安全保护。探索建立统一规范的数据管理制度，提高数据质量和规范性，丰富数据产品。研究根据数据性质完善产权性质。制定数据隐私保护制度和安全审查制度。推动完善适用于大数据环境下的数据分类分级安全保护制度，加强对政务数据、企业商业秘密和个人数据的保护。

基于机器学习的交易反欺诈建模就是为解决传统风控专家规则的瓶颈。交易反欺诈建模遵循机器学习建模的通用方法，通过融合多维的历史风险数据，利用一系列数据处理的算法和特征工程的算法，找到潜在的风险特征模式。通过模型算法选择和模型优化，特征模式和优化算法会被训练成一系列具有预测性的模型。当新的交易数据进入风控系统以后，已训练好的模型会根据现有交易的模式特征判断出该交易的风险程度，从而根据不同的风险程度执行相应的业务策略。模型也可以与传统经验规则配合使用从而达到更优的判断结果。

1. 实践过程

通过建立人工智能模型输出交易反欺诈事中、事后风控模型支持交易反欺诈风控业务。建模流程共分为四个模块，包括数据整合预处理模块、特征分析模块、反欺诈建模模块以及模型评估模块。

数据整合预处理模块：提供高维风险数据的融合。对交易数据流水和客户信息进行整合，同时根据数据基本字段做异常值、空值处理。由于反欺诈问题天然存在的数据不平衡特点，我们采用上下采样的办法处理数据不平衡问题。

特征分析模块：根据业务经验从已有策略提取有效基本特征变量，从业务角度入手，对基本变量做业务衍生，通过机器学习手段，选择重要特征,并通过因子分析,选择入模变量。

反欺诈建模模块:对数据集进行测试与验证,选定机器学习算法,通过模型评优算法训练并进一步优化。主要采用集成学习等监督学习算法训练交易反欺诈模型,输出交易事中反欺诈模型、交易事后反欺诈模型以及交易事中反欺诈自动规则。

模型评估模块:根据业务评定指标,对模型效果做灰度测试。评估指标包括模型指标,如 AUC/ROC、KS 等,以及业务指标,如欺诈案例的覆盖率、准报率等两类。

2. 数据分析

(1)业务场景

本应用实践的业务场景是手机银行应用转账类业务的交易反欺诈模型。手机银行把登录、转账、支付等报文通过网银集成接口送达核心系统,请求通过。风控系统扮演一个旁路的角色,根据预先设定的模型和规则,判定流水存在的潜在风险,做出"通过""阻断",或者"挂起"的决定,核心系统根据风控结果和系统结果把状态送回手机银行。

(2)数据获取

我们从现有风控系统中获取原始数据项。在获取的数据里已对敏感信息如客户姓名、身份证、手机号码等进行了脱敏处理。

原始数据通过数据提取并存储,为保证数据存储和计算的效率,通过 HDFS 对数据进行归档,并通过 SparkSQL 进行数据归并。

(3)业务理解

手机银行转账业务的通用数据关联情况:转账(支付)流水表是业务的核心数据表,记录了交易流水的核心信息,与之对应的是该笔流水成功登录的流水信息,存放在登录流水表里,同时每笔流水进入风控系统后会有相应的规则触发结果,触发日志保存在规则触发命中表中,真实欺诈交易的情况存放在真实欺诈记录表中。为了更好地理解转账、支付类交易的主体，关联的用户信息保存在用户账户表里，客户密码更改、设备解绑等敏感信息的变化存放在敏感信息变化表中，设备信息保存在登录设备表里。合成的信息会汇总在数据宽表里。转账流水表已经整合了交易流水信息、规则命中信息、用户账户信息以及设备信息。

转账的实际业务流程如下，网银集成接口会发送报文请求并传送交易的基本信息，作为结果回传，结果报文会基本保留交易请求报文的大部分内容，但是会丧失部分请求内容，比如转账前余额等。为了在建模过程中对每条流水只保留一条有效记录，我们对请求和结果记录进行合并，并补全记录差异的信息。

3. 理解和数据准备

（1）原始数据

经过业务理解、数据合并后，我们获得了原始数据项，其中包括空字段以及数据缺失字段等。

（2）字段理解

为了更好地理解数据，在上述归并的数据宽表下，通过与业务人员的沟通和字段值的统计，逐字段分析，保留了进入数据处理宽表的字段，保留了对未来数据挖掘有益或者业务功能丰富后有用的字段。

（3）构造建模用数据宽表

在开始特征工程之前，我们需要对之前构造的数据宽表做进一步处理。预处理需要达到以下目的：一是去除主键无效的记录（主键重复的记录）；二是从数据宽表中去除空字段、缺失显著字段；三是计算数据分布，去除唯一值以及取值饱和度高的字段等。

具体工作分为以下几个步骤：

第一步：统计各表的主键空值率、非法率，去除无效主键的统计；

第二步：统计每个关键字段的空值率、非法率（优先级可以低）。罗列严重缺失的、中度缺失的、轻度缺失的字段，做风险评估；

第三步：描述中度缺失、轻度缺失的字段，并根据数据情况确定数据补齐的方法；对于取值为连续值的字段，我们采用均值填充。（备选方法：中值填充和插值填充）；对于取值为类型值的字段，我们采用空值填充。（备选方法：高频值填充）。

（4）非平衡值处理

数据黑白比不平衡是反欺诈建模过程中普遍存在的问题。原因在于非欺诈样本远多于欺诈样本。如果不做非平衡值处理，机器学习训练过程中学习的欺诈模式很容易被过多的非欺诈样本所影响而产生偏差。因此，我们需要在理解现有数据的偏差情况下做非平衡值处理。我们以用户为主体，对黑白客户进行了降采样，对采样后的用户的所有流水做全量特征工程处理。

（5）数据集分割

分割是数据处理的必要一步。合理的数据集分割有利于在训练过程中使得训练器见到足量的样本，同时在评估过程中避免因随机选择样本而造成"样本穿越"（评估集中未来的样本出现在训练样本中，导致训练器见到了某些未来的模式）的现象而带来模型高估的情况。

通常数据分割有以下几种模式。

1）训练 – 验证 – 评估划分

数据集按照惯例被分为60%训练集、20%验证集和20%评估集。其中训练集用来训练模型，验证集用来做模型效果的迭代和优化，而评估集是作为模型学习稳定后的效果评估。这种划分方法在一定程度上限制了训练器的泛化能力，导致训练器只学到了被划作训练集的样本的模式。

2）交叉验证

我们采用交叉验证的方法划分数据。在每个迭代中，随机选取一部分样本做训练，剩下的样本做测试。评估结果是所有迭代的评估结果的平均值。

如果交叉验证的结果表示模型不稳定，则需进一步进行模型参数的调整，考虑替换特征等，以平均五折最高时的模型参数以及特征确定最终模型。交叉验证在一定程度上解决了因为训练样本不足带来的模型泛化能力不足的问题。

3）根据数据的时间分布情况划分数据集。

训练集：中间时间段的样本作为训练集，并通过5选交叉验证确保在训练阶段模型的泛化能力。

评估集：数据时间后段的样本作为评估集，通过 Out-of-the-Time（OTT）的划分机制保证评估样本不会出现在训练阶段，避免因为"穿越"带来模型高估。

回溯集：数据时间前段的样本作为回溯集，因为特征工程的部分需要聚合计算用户在当前样本前的历史行为，所以需要有足量的历史数据保证特征可回溯计算。

4. 特征工程

原始数据的维度不能充分地描述样本的欺诈程度，比如某用户单笔的转账金额不能刻画这笔交易的危险程度，但是当前用户过去一个时间窗口内连续转账的金额可以刻画用户的行为。我们需要构造新的特征去描述与判断欺诈风险相关的特征。特征工程就是完成构造特征的方法和过程。特征工程分为特征衍生以及特征筛选两部分工作。

（1）特征衍生

特征衍生是对原始特征通过经验构造潜在相关特征的过程。这个过程分为两部分：构造被特征描述的主体和对描述主体做特征衍生。

1）构造被特征描述的主体

根据现有数据构造待描述的特征主体，比如每个用户是一个特征主体。考虑到实际业务的情况，比如同一个账户可能使用多个设备，我们又构造了人和设备成对出现的双主体；考虑到同一个账户在不同情况下的行为表现不同，我们又构造了在不同情况下的副主体，比如同一个账户在不同的时间段下的副主体。

具体的主体构造情况如下：

主体：用户、设备、转账账户。

双主体：用户 – 设备，用户 – 转账账户。

副主体：对手账户、终端类型、IP 地址、交易所在小时、交易所在日段、交易周段、交易月段、年龄段等。

2）对描述主体做特征衍生

可分为根据主体提取主体特有特征和根据主体做 RFM 行为特征衍生。

根据主体提取主体特有特征：以用户主体为例可以提取出用户的年龄、用户的注册时间、用户的性别等特有特征。

根据主体做 RFM 行为特征衍生：RFM（Recency-Frequency-Monetary）表示为最近怎样、多频繁、数量。描述的是主体在近期、频率、数量三个类别上在各个粒度的累积行为模式。例如：

①最近三十天，当前设备在同种终端的交易限额与交易金额之差的最大值。

②最近三十天，当前客户在当前账户的交易限额与交易金额之差的和。

③最近十五天，当前设备的账户余额的最小值。

对同一样本出现的主体、双主体、副主体已经对应的特征和衍生特征做级联构成最终的特征宽表，最终经过特征衍生后获得上万维衍生特征。

（2）特征筛选

特征筛选可以理解为特征减法的过程，考虑到模型上线的计算时延需求，通过单特征筛选和组合特征筛选找到对于预测贡献度最高的特征，并将其确定为入模特征。

1）单特征筛选

单特征筛选是特征筛选的初选过程，目的是在暂时不考虑组合特征的影响下去除明显没有预测能力的单特征。通过决策树对单特征进行分箱，将分箱后的单特征与标签的相关性通过 IV 值进行排序。IV 值（Information Value）主要用来对输入变量进行编码和预测能力评估。将 IV 值排名靠前的特征送入 XGBoost 进行进一步排序筛选。

2）组合特征筛选

组合特征筛选是考虑其他特征存在的影响下计算当前特征的存在对于模型预测能力的贡献程度。将全量特征输入 XGBoost 模型，将模型对特征的排序输出，按照增益排名初步筛选特征，接着将上一步筛出的特征放入模型，在训练集里进行五折交叉验证，用验证结果的平均值评价特征优劣性。考虑到系统的响应速度，最终事中模型采用头部的 N 个入模特征。

5. 风控建模

（1）核心算法介绍

我们选取 XGBoost 作为我们建模的基础模型。XGBoost 所应用的算法就是 Gradient Boosting Decision Tree，既可以用于分类也可以用于回归问题中。

Gradient：训练过程中使用了梯度下降算法来最小化损失。

Boosting：将弱分离器组合起来形成强分类器的一种方法。

Gradient Boosting：训练过程中，通过加入新的学习器，努力纠正前面所有弱学习器的残差，最终多个学习器加权平均后进行最终预测。

XGBoost 在反欺诈场景建模的优势：可以自动处理缺失值，缺失值在实践场景中经常存在。适合于反欺诈场景，当欺诈模式或者样本变化时，模型泛化能力强，较少依赖重构。

我们简要介绍建模产生的三个模型，细节会在后续章节中具体介绍。

事中模型：对交易实时计算风险，为事中风控提供判断依据，实时拦截高风险交易，减少资金损失。判断的是交易维度。

自动规则模型：从训练好的事中风控模型中提取规则，提取的规则具有可解释性，规则可以直接部署在现有规则引擎上，同时增强业务解释性，总体模型效果与事中模型更接近。

事后客户评分模型：作为一个提高风控的加固措施，对过去一天内发生过交易的客户预测风险分，判断的是客户维度。

（2）事中风控模型

事中风控模型希望对于实时交易计算风险预测结果，为事中风控提供实时判断依据，减少实时损失。算法描述如下：

训练：以流水为主体作为训练样本做训练模型。

预测：根据模型对新进流水做出风险评分。

风险评分 0～99：欺诈概率的线性映射，分值越高，欺诈风险越高。

特征计算：如图 5-17 示例，对同一用户当前流水以及之前的流水做聚合，根据预定的入模特征计算该用户在一个时间窗口内的特征以及衍生特征。

模型分计算：将计算好的特征向量输入模型去判断流水风险分的高低。图 5-17 所示即为事中风控模型计算示例。

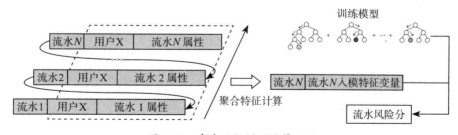

图 5-17　事中风控模型计算示例

（3）事后风控模型

事后风控模型希望对于事中风控可能错过的拦截，或者因为系统问

题错过的事中拦截,做批量计算,成为一个提高风控的加固措施。算法描述如下:

训练:以用户为主体作为训练样本做训练模型;

预测:根据模型对当前用户过去 24 小时的行为聚合做出风险评分。

风险评分 0 ~ 99:欺诈概率的线性映射,分值越高,欺诈风险越高。

特征计算:如图 5-18 示例,对当前用户在过去一个时间窗口内(例如 24 小时)流水以及之前的流水做聚合,根据预定的入模特征计算该用户的特征以及衍生特征。

模型分计算:将计算好的特征向量输入模型去判断用户风险分的高低。图 5-18 所示即为事后风控模型计算示例。

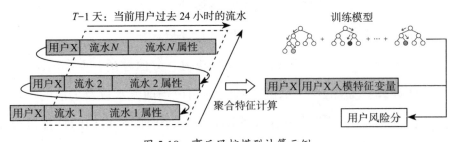

图 5-18 事后风控模型计算示例

(4)自动规则

事中规则从训练好的事中风控模型中提取可解释的规则,规则可以直接部署在现有规则引擎上,同时增强业务解释性。算法描述如下:

训练:以流水为主体单位作为训练样本进行训练模型。

规则提取:

1)从已经训练好的事中风控集成模型(树组成的森林)中随机提取节点之间的路径。

2)每个随机路径成为一个潜在规则,被放入回归模型去判断该潜在的规则的预测性。

3)提取结果:加权平均的规则子集。

4）权重为正且权值较大的规则成为判定为欺诈的有效规则，权重为负且权值较大的规则成为判定为非欺诈的有效规则。

6. 模型评估

将采集到的数据集划分为训练集、验证集、测试集。在训练集中将数据分成 5 份，轮流将其中 4 份作为模型的训练数据，剩余 1 份作为时间内测试集，并将训练的 5 个模型轮流在 OOT（OOT 是指训练数据未出现过的时间段，为避免数据穿越的情况，前期的数据不应包含后期的信息）上验证效果。最终模型选取基于全量训练集的数据，最终结果以最终模型在 OOT 上的预测结果为准。

以模型 AUC 作为基本指标构造模型优化迭代目标，同时以业务指标在评估集上评估模型效果，统计不同误报比情况下的召回率。

ROC 曲线是根据一系列不同的二分类方式（分界值或决定阈），以真阳性率（TPR）为纵坐标，假阳性率（FPR）为横坐标绘制的曲线。ROC 曲线越靠近左上角，试验的准确性就越高。最靠近左上角的 ROC 曲线的点是错误最少的最好阈值，其假阳性和假阴性的总数最少。AUC 被定义为 ROC 曲线下的面积，这个面积的数值不会大于 1。又由于 ROC 曲线一般都处于 $y=x$ 这条直线的上方，所以 AUC 的取值范围在 $0.5 \sim 1$。使用 AUC 值作为评价标准是因为很多时候 ROC 曲线并不能清晰地说明哪个分类器的效果更好，而 AUC 值更大能说明分类器效果更好。

7. 智能风控的价值

智能风控领域可谓机遇与挑战并存。尽管当前智能风控能够为银行业带来自动化、个性化的变化，但是智能风控的核心技术远未成熟，核心技术本身也在不断演进，我们面临着技术本身的缺陷及其衍生出的风险挑战。但随着智能风控技术的深入发展、信贷产品服务的不断优化，未来的智能风控将会在银行业发挥更大的作用，创造更大的商业价值。

机器学习的发展和引入可以有效地应对传统风控依赖专家策略的短板。通过机器收集到大量异构、多源化的风险信息，再通过机器学习算法技术，可以从传统历史数据中量化抽取风险特征模式，建立人工智能反欺诈模型，从而发现欺诈者隐藏的蛛丝马迹。风险特征模式往往不可能用简单的规则进行表达，因此机器学习的引入会增强银行对欺诈风险的防控能力。不同于专家策略，学习欺诈模式的过程可以随时随地进行，不需要耗费大量的人力资源，与传统经验规则配合使用，会显著提升反欺诈识别能力。同时，机器学习模型是快速迭代自更新的，因此欺诈者也很难通过猜透主要的风险特征模式找到快速的应对方法。

5.6.4　智能风控的风险传导体系建立

从银行自身经营发展角度分析，可以通过运用金融科技最新技术主动对可控风险进行风险控制。其中，信用风险、流动性风险是银行主动可控程度较高的两种风险类型。针对企业间的流动性风险，可以利用人工智能技术建立企业间的风险传导体系。

企业客户行为的不确定性是诱发银行流动性管理风险的主要原因，具体包括资产负债不匹配、市场环境不稳定等因素。第一时间获取客户风险事件及事件的关系网络传播影响，可以更好地对企业进行风险预判、减少损失。

银行针对企业的负面舆情、行政处罚、司法政策等维度建立了黑灰名单模型，并建成了一套风险传导体系。利用学习算法进行风险源预测，配合风险事件传导模型进行模拟量化传导，具有一定的监控意义。传导模型的引入，有利于在缺失传导样本时，监控相关风险事件导致的问题。

风险传导模型的意义在于捕捉风险源、关联风险传导路径、防范风险集中及风险传播。

本模型利用源发风险进行风险源的预测，利用传导模型进行传导路径分析。利用两者结合的思路，我们能更容易分析出具体的某个源发风险发生的概率，以及其周边敏感点的发生概率，能更全面、更及时地发现客户信用下降信息。

风险源模型的构建可以分为以下步骤：

第一步：获取多个维度的风险企业基本信息特征，包括企业在一段时间内的所有风险事件（舆情、司法、行政等），以及财务、预警等内部风险数据。

第二步：找到合适的标签（已经上报的风险企业等），进行风险打标，得到模型参数。

第三步：通过学习算法（包括不限于逻辑回归、AdaBoost、GDBT、XGBoost等），对得到的入模特征和找到的标签进行学习。

风险在企业之间的传导受到风险衰减系数、风险免疫系数（企业固有的性质）、企业配对系数（企业规模之比）、企业关系程度的影响。在计算出一家企业收到的多个相关企业传递过来的风险得分后，求得风险传导的综合得分。在求出一家企业的源发风险和传导风险得分后，通过加权得到综合评分。

5.7 智能运营

5.7.1 运营的概念

运营是组织内外部资源，向客户交付产品和服务的全过程。这个过程，涵盖渠道投放、流程设计、要素配置、风控合规、系统建设、制度规范、组织落地、价值挖掘等环节，是一个紧密衔接、环环相扣的闭环链条。从运营的定义出发，可以看出：

1. 运营的核心是交付流程管理

流程有很多种，包括销售流程、服务流程、管理流程和交付流程，运营主要负责交付流程管理。

交付流程,是整个运营体系运转的"引擎",驱动其余环节和谐运转、步调一致,解决产品"怎么实现"的问题,所以其是运营的核心和中枢。

2. 渠道与运营密切相关

渠道既是运营开始的"入口",也是运营交付的"出口"。渠道是各类交付流程的起始段,客户通过渠道选择产品,提交交易申请,启动交付流程。同时运营的最终生产成果——产品和服务,最终也是通过渠道交付给客户。渠道与运营,应该坚持一体化统筹设计。渠道引领,运营支撑,渠道体验好不好,竞争力强不强,很大程度由运营决定。

3. 运营不等于操作

操作仅是运营的末端执行环节,是向客户交付产品和服务的最后一步,但是操作并不是运营的全部。

5.7.2 运营的趋势

在运营管理的定义范围内,运营管理的内外部环境发生了深刻的变化,驱动运营管理向智能化转型。

1. 客户行为变化

客户自主选择金融服务的时间和渠道发生深刻变化,银行网点不再是客户办理业务的主渠道,客户可选择的渠道和产品日益多样,网点定位、服务人群、服务方式需要随之调整,要求银行不断提升产品和服务。

客户对金融服务体验的预期日益变化。互联网时代,客户体验的对比不再局限于金融同业,已扩展到各行各业,需要不断创新金融服务,提供极致客户体验。

2. 竞争环境变化

金融市场主体日趋多元化,竞争日益加剧。银行面临的竞争对手不仅包括金融同业，还有非金融机构和各类非传统竞争者。

客户选择多样化，在不同服务主体之间的转换越来越频繁，如果不能随着客户需求、科技创新的变化与时俱进，客户将会"用脚投票"，与先进同业的差距将会越来越大。

3. 监管要求变化

在强监管、强问责监管环境下，要求银行加强合规经营和风险案防工作，反洗钱、案防压力要求商业银行加强系统技防手段，减少人工操作环节，以"机控代人控"，切实防范操作风险。

监管要求变化对运营管理提出新要求，需要加强顶层设计和穿透管理，运用新科技改变管理模式，以规避操作风险，堵截案件。

4. 科技进步变化

技术进步为商业银行提供了创新转型的极大空间，大数据、云计算、区块链、人工智能的快速发展，为渠运条线提升价值提供了支撑和可能。

银行内部数据丰富，外部数据可获取性越来越强，利用大数据、人工智能技术，使得客户需求和特性日益显性化，提升了客户洞察的深度。

5.7.3 某银行智能运营的建设方案

智慧运营项目是银行企业级架构建设工作方案规划的重要组成部分，智慧运营项目通过完善运营基础设施建设，打造支持运营集中服务和产品集中交付的强支撑平台，引入人工智能、物联网等新技术手段，提升整体运营服务效率。

智慧运营项目将根据企业级架构流程模型设计规划，通过打造强支撑平台、强服务后台、强运营中台，让各场景、各渠道、各业务、各机构共享共用一套运营体系，从而打破流程竖井、运营竖井、体验竖井。

智慧运营平台是智慧运营体系的强支撑平台。通过建立集约运营平台来解决产品交付统一归口的问题；通过建立实物运营管理平台来解决实物集中管理的问题；通过建立运营风险管理平台解决风险集中控制的问题，以平台建设撬动交付流程优化。

集约运营平台是通过前后台作业分离，以及智能化的业务处理和自动化的管控，实现流程标准化、专家型共享运营服务，进一步减负前台，推动网点转型、降本增效、提升运营服务专业化水平和风险防控能力，为全渠道、全条线、全集团业务发展提供强大的后台运营支撑。

实物运营管理平台以大数据分析平台、现代化智能机具、全生命周期物流体系为技术支持，以建设轻现金型网点为目标，通过流程改进与再设计，打通现金等实物业务、系统竖井，改革后台运营服务网点与客户的模式，减环节、降成本、降风险、增效益。

运营风险管理平台提供全行统一的运营风险数据分析，利用机器人、知识图谱、大数据相关技术，辅助上级管理行对管辖行及基层网点的运营工作进行扁平化监控、核查、评价，实现总行风控要求及时"向下传导"，网点风险信息快速"向上还原"。

5.7.4 交易集约

1. 涉及 AI 相关功能

（1）AI 建模服务

1）任务智能调度

建立智能合理的队列排序机制、实现任务的智能分配、优化现场资源利用率，将任务合理、智能地分配给每一个集约运营人员。

2）系统运行监控、建模、告警（AIOPs）

主要监控指标包括系统终端登录概况监控、机构终端登录概况监控、终端用户监控、终端异常日志监控、应用服务器监控等。平台支持通过风险预警模型和专家规则，对系统的异常情况进行监控并报告异常。

3）业务指标监控与告警

主要监控指标包括中心流量监控、岗位任务量监控、中心人员监控。主要告警指标包括业务积压、日终有未完结业务、特殊付款人账号、特殊收款人账户、资金偏离度大于指定数值的大额交易、柜员行为异常、可疑分拆汇款，及其他触发规则或者模型的告警。

4）动态面板

千人千面，主要功能包括收集按钮点击次数，建立首页推荐模型，推荐个性化首页。

5）建立汇款路径合规建设模型

检查汇款路径。

（2）自然语言处理

1）作业小秘书——机器人应用

主要功能：RPA 爬取 CMS 中的规则制定文件给 KBP；KBP 的 NLP 模型梳理规则制度，形成问答对（难点），建立知识图谱；KBP 提供问答功能；KBP 提供全文检索功能（KBP 实现物理独立，与客户知识完全隔离），提供类似搜索引擎功能。

2）行名行号查询

RPA 爬取行名行号，KBP 存储行名行号信息，KBP 提供速查接口。

3）OCR 识别结果纠错

KBP 提供语言模型，对 OCR 识别接口进行纠正。同时 KBP 存储各类条目，供 OCR 纠错。

4）大额核实外呼

封装外呼接口。

（3）数据分析 & 挖掘

1）问卷分析

主要功能：多维度问卷结果分析（BOPS）、RTP 对文本问题进行聚类分析。

2）数据挖掘

多维度统计分析（渠道+机构+条线+岗位分布+客户+产品分布），挖掘价值信息。

2. 技术方案

（1）任务调度方案

通过调研学习滴滴打车智能调度平台和蚂蚁金服 XSigma 智能调度系统，借鉴两大平台建立资源管理模块，通过实时数据监控，感知和预测异常情况，有助于系统提前决策和协调资源；合理的订单分配机制能够有效提高用户满意度。不同之处在于，集约运营智能调度系统对外承接的业务特性不同，如业务处理虽有时效性但不需要实时处理，业务性质有加急和普通之分等，通过引入队列管理，在保证业务处理时效性的前提下，减少用户等待时间，提高柜员和客户的满意度。

（2）建立智能合理的队列排序机制

平台系统对需要处理的业务建立排队机制，合理的排序有利于减少用户排队时间。运营人员可通过管理平台设置优先级参数（包含各类打分要素如交易金额、业务是否加急、客户级别、业务种类等），也可手动干预，对特殊需要加急处理的任务进行提高优先级操作。

（3）实现任务的智能分配

本质上我们要解决的是"任务—业务人员匹配优化"问题。在传统模式下，分配就是从某技能组的排队队列中找到一个等待时间最长的任务，然后再找一个该技能组下最空闲的业务人员完成匹配。这种公平分配方式考虑维度单一，未能在全局层面上掌握和调度分配有关的任务、业务人员、问题等各类信息。

匹配优化问题其实是二部图匹配问题，在某一时刻，我们可以得到某技能组下未分配的客户（任务）以及具备剩余服务能力的客服，如果能知道每个任务与每个业务人员之间的匹配概率，就可以通过稳定婚姻算法找到最佳匹配。蚂蚁金服客服中心任务调度系统引入 cnn 模型，该模型会将流量更多地分配给好的业务人员，在实际操作中会加入一些公平性指标防止一部分业务人员接不到业务。

（4）实现资源的科学调度

资源管理本质上是为了优化现场资源利用率，同时管理好现场庞大的人力资源，通过分析实时数据，能够预警重大问题并给出决策。

首先，提前排好班。如果能预测好需求、准备好供给，那么客服调度就成功了一半。一般需要提前预测未来两周的服务量（业务上按 1～2 周的粒度排班），这其实是个标准的时间序列预测问题。结合历史数据，我们可以按照部门—技能组的粒度预测出未来 2 周的服务量，当然，这种离线的预测只是一种近似，很难精准预测。

其次，预测式应急处置。引入服务量实时预测模型，以 30 分钟为粒度预测下一时段的流量，考量预测结果，如果判断未来时段会出现繁忙状况，会先进行前置调度（比如收紧工作人员小休策略、将就餐时段适度推迟、调整在线工作人员并发数等）。

最后，负载均衡。应急方式并非万能，当无法增加在线工作人员并发数且短时间并不能解除拥挤时，通过技能组相互分流，可解决问题。比如，A 类型任务大量排队，B 类型任务大量空闲，通过触发分流 B 类型技能组中具备 A 类型任务处理能力的人员加入 A 类型任务当中，能有效解决人员不够的问题。

（5）系统风险监控告警

系统运行风险的采集，主要依赖 AIOPs 的系统日志采集 agent，采集系统运行日志，AI 模型进行分析，建立时序数据监控模型和规则，对系统运营情况进行监控。

AIOPs 开发系统数据采集 agent，将采集到的时序数据通过数据通道，上传给数据仓库，数据仓库将日志清洗、ETL 后，提取特征，进行离线计算和实时计算，进行分析，对于异常数据告警。

业务数据监控告警。对采集到的业务数据，进行实时监控告警，类似于风控，主要支持两种方式告警，基于规则的和基于模型的。

5.7.5 风控集约

1. 涉及 AI 相关功能

（1）事中风控

事中风控功能主要包括：

1）开户业务真实性核实

涉及事中预警模型的建设，用于提供开户申请人意愿核实预警，员工代客操作预警，违规开立账户预警等开户事中审核。

2）大额核实

主要提供大额核实预警和对公客户大额查证预警功能。

大额核实预警：对于已上线大额核实系统的机构，对于满足大额核实条件的交易，无大额核实结果，进行预警；有大额核实结果，可查询大额核实记录。对于未上线大额核实系统的机构，对于满足大额核实条件的交易，无核实记录及影像信息，则进行预警。

对公客户大额查证预警：对于对公结算业务，大额交易如无电话核实记录及派驻业务经理签字文件影像，则进行预警。

3）跨境汇款业务尽职调查

主要针对跨境汇款触发事中反洗钱风控模型的交易。

4）事中风控其他规则

临时客户业务尽职调查：临时客户并且无联网核查记录时提示柜员进行相关调查操作。

票据业务管理预警：未经授权机构发起相关交易时，发出预警并拒绝交易。

现金限额监控预警：对于机构现金超过核定限额，发出警示；对于连续三个工作日超限额，或营业当日超过限额100%，进行预警提示，并通知上级部门。

上门服务账务管理预警：对网点上门服务款项进行状态跟踪，如收款款项当日未入账，送款交易无记账信息，则进行预警。

此外还包括强制修改重空状态预警、超范围用印预警、柜员权限管控预警等事中风控功能。

（2）事后风控

事后风控功能主要包括：

1）业务经理行为分析

主要包括动线分析模型和动作分析模型的应用。动线分析模型依据采集的业务经理在网点期间的动线数据，判断业务经理是否存在异常工作状态。动作分析模型依据采集的业务经理在网点期间的动作数据，判断业务经理是否存在异常工作状态。

2）业务人员行为分析

依据柜员办理的业务、出入库房等情况对业务人员的行为是否存在风险进行判断。

3）手工业务风险分析

持续监控网点特殊账户、高风险业务，包括监控手工计结息、手工调整等手工高风险业务。

4）高风险业务分析

依据客户结息、冲正信息判断是否存在风险情况。

5）风险客户分析

通过对客户账户交易的综合分析，提供风险客户清单。

6）大额核实真实性检查

检查大额核实录音并与大额核实结果核对。

2. 技术方案

在风控中，结合专家规则与模型引擎，对风险做预判；在适当的场景引入知识图谱，实现推理的功能。

（1）专家规则

专家规则总计包含中间结果模块、可配置策略模块、规则引擎模块、规则计算模块和规则计算结果输出模块 5 个模块。

中间结果模块，为规则引擎模块提供统计数据，数据是指可配置策略模块所存储的规则列表所在维度数据经过预设统计条件进行分类汇总所得到的数据；

可配置策略模块，存储规则列表，作为规则引擎模块的输入。该规则列表由策略构成，所述策略包括元策略和组合策略。元策略提供编码的规则，指定单个数据的比较条件，以及满足条件时的编码值；组合策略提供规则的编码，指定至少一个元策略的编码结果的组合条件。

规则引擎模块，将中间结果提供的统计数据和原始数据与可配置策略模块中存储的策略进行匹配。

规则计算模块，将原始数据根据规则引擎模块匹配命中的策略进行匹配。

规则计算结果输出模块，执行规则计算模块的匹配结果命中策略指定的结果。

（2）风控模型

通过人工智能相关算法完成对历史交易数据的分析，构建交易风险评估模型，以此完成事中和事后的智能风险控制。

总共分为三大模块：数据处理模块、模型训练模块、模型预测模块。

数据处理模块，包含历史数据的导入，在一定的数学分析和处理后，作为下一模块的输入。

模型训练模块，接收处理后的数据，使用合适的算法完成风控模型的构建及训练，并依据训练结果优化模型。

模型预测模块，加载训练模型后，依据 T 日数据或 $T+1$ 日数据，完成事中或事后的风险预测。

（3）知识图谱

知识图谱在应用中的一般构建过程如图 5-19 所示：

图 5-19　知识图谱构建过程

以集约风控中知识图谱的构建过程为例：

进行基础数据的获取：数据源来源于本系统，可以包括结构化数据库表数据、非结构化的业务梳理数据等。

知识抽取：针对业务场景需要，在数据源中进行三元组（实体 – 属性 – 关系）的抽取，如图 5-20 所示。

数据存储工具的选择：使用数据存储工具 neo4j 进行数据存储。

数据导入及图谱构建：将数据通过 load、create 等方式导入，完成实体、关系的构建，形成知识图谱。

知识图谱主要功能有以下几点：

第一，知识图谱在关联查询的效率上相比传统的存储方式有显著的提高。当涉及 2，3 度的关联查询时，基于知识图谱的查询效率会高出几千倍甚至几百万倍；

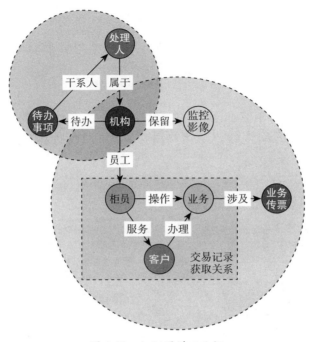

图 5-20　知识图谱三元组

第二，基于图的存储在设计上会非常灵活，一般只需要局部的改动即可；

第三，智能搜索——知识图谱最成熟的一个场景，自动给出搜索结果和相关信息；

第四，构建关系图，实现推理，查看更多维度的数据，可以在反欺诈、智能投顾等场景中应用，并发挥优势。

5.7.6　实物集约

引入现金、凭证、贵金属等实物的最优库存模型、需求预测模型、调度模型，为运营服务中心提供最优库存备付量、ATM 加钞金额和时间建议，为网点提供最优库存备付量、次日需求建议，为库房之间的调拨、库房与网点之间的调拨、库房 ATM 加钞调拨提供最优调度方案（包括调拨时间、车辆路线安排等）。

第 6 章

商业银行应用展望

作为新一轮科技革命和产业变革的核心驱动力，人工智能正在叠加释放历次科技革命和产业变革积蓄的巨大能量，快速催生新产品、新服务、新业态，培育经济发展新动能，重塑经济社会运行模式，改变人类生产和生活方式，促进经济社会发展的大幅整体跃升。在新基建的春风下，人工智能技术将转变为像网络、电力一样的基础服务设施，向全行业、全领域提供通用的 AI 能力，为产业转型打下智慧基座。随着技术、算法、场景和人才的不断充实，人工智能正在渗透到各个领域，工业、医疗、城市等领域验证了 AI 的价值，未来会有更多产业与人工智能技术进行创新融合，催生出更多的新业态、新模式，从而助力实体经济向数字化、智能化转型，催生新的业态，实现各行业的新蜕变、新发展。

人工智能正在进入技术与产业融合发展的新阶段，在融合过程中必然会遇到很多问题，合理的制度建设将会提供坚实的保障，多层次的治理体系、敏捷灵活的治理方式更能适应人工智能所具有的快速发展迭代、日益复杂化等特征。

6.1 人工智能技术的发展及应用

人工智能是新一轮科技革命及产业革命重要的着力点，从长远来看，人工智能在各行各业获得越来越广泛的应用一定是社会发展最大的趋势之一。

从人工智能技术发展的角度来看，有几个明显的技术趋势已日益凸显：

首先，随着以智能手机为代表的移动终端计算存储能力快速加强，端侧 AI 与边缘计算技术正在快速发展与普及，在应用效果尽可能高的前提下，将模型做小、做精、做快，是未来这个发展方向的关键点。

其次，传统机器学习严重依赖训练数据的规模与质量，这制约了领域技术的快速发展，而最近的明显趋势是由最常见的监督学习向半监督、自监督甚至无监督机器学习转向，用尽量少的训练数据让机器自主学会更多的知识，是大有前景的发展方向。

再次，AutoML 正在快速地渗透到各个 AI 应用领域，从最早的图像领域，到如今的 NLP、推荐搜索等多个领域，随着 AutoML 技术的逐渐成熟，搜索网络结构成本越来越低，更多的领域模型会由机器来设计，而不是目前的算法专家主导的局面，这个技术趋势基本是确定无疑的。

最后，随着 5G 等传输技术的快速发展，视频、图片类应用快速成为最主流的 App 消费场景，而机器学习技术如何更好地融合文本、图片、视频、用户行为等各种不同模态的信息，来达到更好的应用效果，也会越来越重要。另外，如何让机器能够生成高质量的图片、视频、文本等生成领域，最近两年也出现了大量有效新技术，比如图像领域的 GAN 以及文本领域的 GPT-3 等模型，而这种具备创造性的生成领域，随着相关技术日益成熟，在未来也会越来越重要。

从人工智能在商业银行的应用来看，结合目前行业发展趋势及人工智能技术支持能力，未来人工智能必将重构商业银行的业务与服务。

1. 人工智能将改善客户体验，提升服务效率

在体验经济时代，精准捕捉客户个性化需求成为巩固和拓展客户关系、增强客户黏性、提高客户满意度和忠诚度的有效方式。未来通过人工智能可以从以下方面提升客户体验。

首先，智能识别，变被动为主动高效服务。智能服务机器人通过声纹识别、虹膜识别、人脸识别等生物特征识别技术，快速确认客户身份，识别VIP客户，从传统的、陌生接待的被动接触跃变为"一次认证、永久记忆"的主动高效服务，会极大提升客户体验和网点经营的效率。

其次，提升服务专业度，避免自身因素导致的服务标准失衡。在传统银行服务中，银行员工存在因知识储备不足、情绪变动等影响服务水准的情况，但服务机器人的业务知识"一次输入、终身有效"，可持续维护升级。

再次，提升客户交互体验。埃森哲咨询公司对银行家的调查显示，未来三年内，人工智能将成为银行与客户交流的主要方式。目前，中国银行、交通银行、中国农业银行、中国邮政储蓄银行等多家银行在网点大堂均设置了智慧型服务机器人。智能机器人可以与客户友好互动，活跃银行大厅氛围，从而拉近与客户之间的距离，提升客户体验，一改过去互动少、交流沉闷的弊病。

最后，优化业务流程，提升服务效率。智能机器人还可完成网点客户业务咨询答疑、辅助分流、采集客户数据、开展大数据营销等工作，完成查询、开卡、销卡等业务办理，这种无纸化、数据输入少的高效操作，将会大大降低用户业务办理的时间成本。

2. 人工智能将推进网点向展示性、服务性、营销性场所转变

过去银行网点业务主要集中在柜面，因业务量大，柜员的主要精力局限于柜面业务，无法及时准确了解客户深层次需求，很难提供专业的理财咨询，服务质量不高。人工智能将会推动银行网点由交易性场所逐渐向展示性、服务性、营销性场所转变。据测算，智能柜台全面普及后，约有10%的柜员可从机械的、单一的柜面操作中解脱出来，转岗至大堂经理、理财经理等营销岗位，银行员工可将更多精力用于拓展银行产品市场占有率。与此同时，银行网点可逐渐由业务办理中心转变为客户体验中心。银行网点可在原有功能分区基础之上，增加客户体验销售区，营造舒适度高、互动性强、有品位的服务环境。如目前大型银行在智能网点中，都设置了用户交互技术体验设备，吸引客户浏览、试用、比较各类金融产品。

3. 人工智能将提升风险管理水平，使得风险评估更加科学

金融本质是风险管理，风控是所有金融业务的核心。人工智能将成为金融机构改善风险管理的工具，使投资组合风险评估和信用风险评估更透彻、更全面、更清楚。

一方面，人工智能将助力便捷信贷和安全信贷。通过机器深度学习技术可建立风控模型，并持续对企业和个人风控水平进行更新，有效降低金融风险。如借助机器学习技术，银行可以对借款人还贷能力进行实时监控和动态监控，及时对存在潜在还贷风险的客户进行事前干预，以减少因坏账而带来的损失。

另一方面，人工智能可以避免对部分特殊客户和企业服务缺失的现象。服务机器人在获取客户数字化信息后，可通过大数据进行甄别和风险计量，使缺乏信贷历史的用户有机会获得服务。特别是对于有融资需求的中小微企业，可运用人工智能，通过大数据挖掘和分析技术，获得企业真实经营状况、盈利能力及企业信用情况，为银行提供贷款依据，挖掘潜在优质客户。

4. 人工智能将提升内部管理水平，有效降低管理成本

近年来，银行内部管理面临着刚性成本上升，竞争投入增加等挑战，人工智能将进一步提升内部管理水平，有效降低管理成本。

一方面，人工智能有利于减少银行内部人力成本支出。银行属于劳动密集型企业，人力成本是银行内部管理的主要成本之一，智能机器不仅可以辅助人工决策，提升人员管理水平，还可有效降低人力成本。如在机房、服务器等核心区域投放 24 小时巡检机器人，可及时发现、处理潜在风险，替代或辅助人工进行监控。机器人客服还可以通过自然语言实现信息查询、账户管理、还款、转账等基本业务功能，提供 7×24 小时不间断互动服务。有数据显示，一个机器人客服的服务能力相当于 9000 个人工客服的工作量。另一方面，智能机器业务办理具有无纸化、介质管理自动化、凭证保存电子化的特点，柜面业务处理涉及的机具、纸张、耗材、监控设施、凭证影像扫描、碎片录入、凭证库房等内部管理的运行成本可大幅度降低。

综上所述，对于商业银行而言，最重要的是紧跟人工智能潮流，尝试在多个领域运用相关技术，不管是提升客户体验还是内部管理效率，或者是风险防范，都需要更多的人加入这个新的领域，也需要更多的探索和尝试。

6.2 商业银行业务发展对人工智能的需求

6.2.1 智能客服

未来，客服中心的工作职责应逐步向以客户大数据挖掘为核心，从大数据中获取客户热点需求和反映的业务、服务等各方面问题，追根溯源找到产生这些问题的原因，将收集来的信息传导给各相关责任部门。这样既可聚焦客户来电原因，将呼叫中心压力分解传导，又可找到银行服务或业务中不足之处并进行优化，进一步降低客户对同样问题的投诉率。

伴随着呼叫中心转型的后浪，呼叫中心智能化的能力将大大提高。一方面，对海量录音和文本类客服数据的挖掘，将极大提高企业对客户服务情况的掌握程度，同时提高对客户需求和行为的预测性，从而为客户提供更好的服务。另一方面，图像识别、声纹识别、指纹识别、人脸识别等生物识别技术以及智能化知识库将帮助企业扩张服务内容范围，并改进服务传递的方式和体验，提升客服的工作效率，降低企业人力成本。

6.2.2 智能渠道

传统的银行渠道到店客户量不断下降，柜面、ATM 的业务量也在不断地减少，智能柜台、自助机等新兴设备不断崛起，客户对渠道的智能化、便捷化、网络化需求不断加大，以网上银行、手机银行为代表的移动渠道正在不断崛起，智能渠道不得不依靠人工智能技术等做出相应变革。

网点是重要的线下实体渠道，它作为银行直接对客的前台，是客户最直接且最立体化体验银行服务的场所，深受部分顾客的喜爱。要持续加强网点的建设和变革，优化线下渠道的信息技术产品对客户的智能感知特别是生物信息的识别，在获客、营销和风控等方面都起到了越来越重要的促进或保障作用。随着智能技术和感知维度的提升，银行实体渠道无感的普适计算目标将会越来越接近。

客户在银行的活动，未来也不再局限于业务交易本身，而是将会更多地感受到银行全方位的服务。银行可以在人工智能技术的助力下，真正做到智能化地为客户思考，便捷化地提供客户服务，从而更好地挖掘客户价值。同时商业银行可以广泛同第三方金融科技公司合作，打造 AR、VR、区块链、智能问答机器人等一系列客户体验专题，增强客户对企业的认同感和参与感，提升客户的好感度和客户黏度。

此外，商业银行还要以积极适应客户群体金融习惯变化的角度出发，快速对银行渠道智能化变革进行适应，一方面改造网点客户动线，升级设备功能，提供智能化服务，提高业务处理效率，提升客户体验；另一方面还要对网点进行智能化改造，释放网点劳动力，实现长尾客户分流和高端客户服务的提升，全面提高各层级客户的业务办理体验。

6.2.3 智能营销

AI 营销在国外已有案例。电通安吉斯中国首席数据官罗莹不久前也分享了其服务于可口可乐的一个营销案例，里面用到了 AI 设计、大数据分析，实现了传统营销方式无法完成的任务和远超传统营销方式的营销效果。

在营销策略搭建方面，要基于人工智能技术建立消费者的画像和消费者需求的洞察，可以针对不同的消费者提供有针对性的营销内容。这种"投其所好"的营销方式，可以避免广告商和平台的资源浪费，让广告投放更加准确和高效，同时不会对用户造成干扰。

智能营销和传统营销相比具有明显的优势，这就是实现双向传播。消费者对营销内容的意见和建议，可以及时地传播给内容平台和广告主。有了这个机制，能更加准确地了解到目标群体的实际需求，对营销方向和内容进行及时调整。首先存在最直观的阅读量、点击率、打开率等基础数据。其次，调查问卷、评论、直接反馈等渠道可让消费者和平台以及内容创作者沟通，因此，广告营销的效果可以得到验证，过程更加透明化。

随着 5G 的逐渐普及，商业银行也从 PC 互联网和移动互联网变迁至智能物联时代。届时，平台、数据、场景更加深度融合，"牵一发而动全身"。人们的每一次消费行为不再是一个点，而是一个链路。这样一来，发生营销的场景会更加多元化。广告形式也会有新的升级，在文字、图片、短视频的基础上，可能还有 AR、VR、游戏等。

6.2.4 智能投资

完善智能投资的服务模式，提供一套完整的资产配置服务，通过高频的最优比例计算、高精度组合持仓检视、更精细的投资目标分仓呈现、投资的一键优化，贯穿售前、售中、售后全阶段，构造闭环式的投资配置服务。

智能投资产品，如智能理财机器人，主要为优质及以上级别客户提供线上资产配置服务，投资银行理财、基金、贵金属等产品。同时，机器人也可以与线下配置平台进行连通，理财经理线下配置方案可通过线上推送，实现为客户提供远程全产品类别的配置服务。

6.2.5 智能风控

随着智能风控的火热布局和国家政策的积极推进，智能风控进入快速发展阶段。但是从目前发展存在的问题和挑战考量来看，智能化技术如何更好地服务于信贷业务，还需要经过更多的考验和变革。基于各业务的业务场景，构建覆盖全流程的一站式服务，对软件一体化也有一定的要求，才能保证更高性能和全流程的能力。智能风控目前主要应用于线上的业务，随着数据量的积累和风控模型精细化程度提升，未来可以助力线下业务提升风控能力。通过大数据和人工智能技术能够实现数据在各个机构间的共享和开放，数据更大的价值会被挖掘，如何将数据打磨成合规产品会成为企业未来生存的考验。

随着智能风控模型不断迭代，企业金融下沉，各种场景还有很多市场待开发，针对不同场景的差异化风控模型可以赋能非金融产业从而发挥作用，最终覆盖全客群。

不断优化场景化建设，通过场景化构建，多场景设计，实现对客户的全方位触达，并提供基于场景的客户互联网贷款业务需求。场景最直接的作用就是引流，当客户的行为与场景结合在一起的时候，便具备针对性强、指向性明显的特点。同时，场景化还具有风控优势，通过场景可以更好地确定客户贷款意图，避免因贷款意图不明确而造成的套现、欺诈风险。

6.2.6 智能运营

人工智能技术的发展为银行业务运营作业模式和手段提供了多种可能，电子化、直通式、机器学习等手段不断减少人工操作，为银行提升渠运效率和价值提供了弯道超车的机遇。目前运营发展存在如下趋势：

一是服务模式从交易操作转型为价值操作；二是运营模式沿着"分散运营—集中运营—集约运营—智能运营"的路径发展。这就要求人工智能技术的应用要面向场景金融，面向线上、海外、综合经营公司等更大的服务外延。

面向场景金融，要求人工智能技术赋能银行更灵活、更敏捷地融入非金融场景，智能运营不仅仅是停留在网点内部、银行内部的提升，要面向客户、面向社会。要引入生物识别、大数据、人工智能、RPA 等前沿技术，加速运营智能化升级。

面向更大的服务外延，要求人工智能技术辅助银行运营平台支持线上、海外、综合经营公司的接入。要将企业级的人工智能公共能力进行抽象，形成以客户服务、运营服务、分布式金融核心套件为基础的业务中台体系，实现开放、可扩展、组件化、分布式的运营业务架构，支持运营业务快速、高效、低成本创新。

6.3 人工智能应用的合规性

近年来，美国和欧盟先后发布 AI 监管政策，预示着人工智能将迎来监管时代。2017 年国务院发布《新一代人工智能发展规划》，2018 年中国人民银行、银保监会、证监会、外汇局联合发布《关于规范金融机构资产管理业务的指导意见》，相关文件均对人工智能技术在金融行业的使用提出了监管要求，2021 年 6 月 10 日，全国人民代表大会常务委员会表决通过《中华人民共和国数据安全法》，自 2021 年 9 月 1 日起施行。

《新一代人工智能发展规划》指出，经过六十余年的演变，人工智能当前处于快速发展的趋势，人工智能技术及应用场景呈现出深度学习、跨界融合、人机协同、群智开放、自主操控的新特征。本文之前所述语音处理、自然语言处理、知识图谱、生物特征识别、计算机视觉等技术成为人工智能的发展重点，相关技术也成为经济发展的新引擎，作为新一轮产业变革的核心驱动力将催生更多的新技术、新产品、新产业、新模式，引发经济结构重大变革，同时也会带来更多的不确定性及风险。人工智能作为一种影响面广的颠覆性技术，可能带来改变就业结构、冲击法律与社会伦理、侵犯个人隐私、挑战国际关系准则等问题，将对政府管理、经济安全和社会稳定乃至全球治理产生深远影响。在大力发展人工智能的同时，必须高度重视其可能带来的安全风险挑战，加强前瞻预防与约束引导，最大限度降低风险，确保人工智能安全、可靠、可控发展。

纵观世界各国银行及科技业监管法律，尽管监管的目标不尽相同，但一般都强调安全性、有效性和统一性。而人工智能等数字领域的战略监管，不仅意在增强本国在技术领域的主权、产业领导力和经济竞争力，更是期望通过设立标准性文件重塑人工智能在银行业的发展模式，对本领域发展带来持续性影响。

本章节将从国际、国内金融合规性政策开展分析，探索人工智能技术在政策和监管的合规性。

6.3.1　国际金融监管政策分析

近年许多与人工智能相关的规范要求在国外陆续发布。相关规范旨在为当地政府制定 AI 领域监管措施提供指引。同时，对于人工智能技术的政策限制也由伦理限制转换为监管要求，相关技术的应用也将会受此影响。对比国外对人工智能技术的监管要求，我们不难发现监管政策均意在加强技术主权，确保人工智能技术可信赖，防范因人工智能技术决策不透明，人工智能算法歧视导致侵犯用户隐私、间接用于犯罪行为等。这些监管目标代表欧美国家对 AI 领域的总体监管思路具体呈现出如下特征。

1. 分类监管

监管只针对"高风险"AI 应用；但判断标准模糊，存在监管泛化的可能性。对"高风险"的判断，有两个累加的标准：一是在特定领域使用 AI 应用很有可能发生重大风险；二是在前述的特定领域使用 AI 应用，考虑使用的方式，有可能出现重大风险。具体可能涵盖哪些领域和使用场景，有待将来出台监管名单，来穷尽列举，并可定期评估、修订，白皮书列举了医疗、交通、能源等领域。此外还有一个兜底规定，这会进一步扩大监管的范围，即不论是否在监管名单中，只要为特定目的使用 AI 系统被认为具有高风险，就应当受到监管，例如在招聘中使用 AI，将 AI 应用于远程生物识别和其他监控技术，这意味着 AI 人脸识别也是"高风险"应用。可见，判断标准高度概括，非常模糊，存在很大解释空间，赋予监管较大的自由度，不排除将来出现监管泛化。

2. 信息透明

针对人工智能应用，国外监管政策均要求信息透明，特别对高风险金融业务系统提出严格限制性要求。这些限制内容主要为确保人工智能领域的应用安全，主要表现在以下五大方面：

第一，选取具备代表性的训练数据保障人工智能训练产品结果能够保护个人隐私及数据，并保障人工智能系统不会导致不合法歧视。

第二，训练过程可追溯，能够准确记录人工智能产品在训练测试过程的全链路数据，保障人工智能产品监管数据全链路保存。

第三，功能透明，能够准确描述人工智能系统所具备的能力及存在的局限性，且当用户与人工智能进行交互时需要明确告知服务系统的对象及功能。

第四，安全可靠，能够保障人工智能产品在提供服务过程中安全可靠，确保结果准确无误或者针对一场场景具备风险应对能力，并且具备针对数据、算法的保护方案。

第五，人工可监管、干预，在人工智能产品运行过程中确保人类可实时干预或关闭系统，保障人工智能产品可按照人类意志运转。

3. 科学及灵活的监管

人工智能应用产品的监管措施需要充分考虑人工智能产品特性，在充分评估监管科学性、合理性、技术可实施性的前提下开展立法工作。同时在对人工智能产品开展监管前需要充分考虑监管措施所带来的利弊，权衡成本及收益。此外，人工智能技术正在飞速进步，人工智能的监管政策也要紧随人工智能技术的发展快速迭代。

6.3.2 国内金融监管政策分析

对标国外关于人工智能监管的政策要求，中国人民银行、银保监会、证监会、外汇局于2018年联合发布《关于规范金融机构资产管理业务的指导意见》（以下简称《指导意见》）。《指导意见》对人工智能在金融领域的应用进行了规制，在胜任性要求、投资者适当性以及透明披露方面对智能投顾中的算法进行穿透式监管。

《指导意见》明确了在运用人工智能技术开展投资顾问业务时，人工智能产品应用应当取得投资顾问资质。除了要遵守一般性规定外，还应当向金融监督管理部门报备人工智能模型的主要参数以及资产配置的主要逻辑，为投资者单独设立智能管理账户，充分提示人工智能算法的固有缺陷和使用风险，明晰交易流程，强化留痕管理，严格监控智能管理账户的交易头寸、风险限额、交易种类、价格权限等。

《指导意见》强调，因算法同质化、编程设计错误、对数据利用深度不够等人工智能算法模型缺陷或者系统异常，导致羊群效应、影响金融市场稳定运行的，金融机构应当强制调整或者终止智能投顾业务。

在监管手段上，金融监管部门对智能投顾的法律规制采取了组合拳的方式。智能投资顾问是投资咨询机构业务的延伸，投资咨询机构应当被识别为受托人，承担信义义务和合规义务。

在监管方式上，金融监管部门运用监管科技应对金融科技的兴起。金融机构在利用智能投顾开展资产管理业务的时候，必须获得行政许可、获得资质；报备模型参数、实现算法透明和算法可解释性；制定预案、适时人工干预。

2021年9月国家新一代人工智能治理专业委员会发布《新一代人工智能伦理规范》，标志着我国人工智能政策已从推进应用逐渐转为监管。

6.3.3 启示与变革

通过以上国内外监管政策分析，我们不难看出，随着科技进步人工智能技术近年获得突飞猛进的发展，商业银行已广泛将相关技术投入到日常经营过程中，而人工智能技术也需要配套监管政策方针以保障相关业务应用的稳定及用户个人权益。一般而言，为促进人工智能领域在合规监管背景下的金融业快速发展，未来我们仍需从以下三点获得启发。

第一，持续加强人工智能基础技术、底层框架及算法研究的投入和人才培养。我国在基础研究、芯片、核心算法等方面仍落后于世界领先地区，在推进监管的同时，我国仍需持续加大对人工智能、量子计算等突破性技术的投入。

第二，在全球核心技术保护及专业技术竞争的背景下，我国仍需审慎监管人工智能应用。在金融业广泛使用人工智能技术提升企业竞争力的同时，需要充分评估风险及成本效益，制定合理、合适监管政策，并有效规划出人工智能在金融业使用的标准及指南。

第三，创新应用场景，在国内外政策的指导下有效运用人工智能技术发掘金融业使用场景，促进金融业长久有效发展。

结 束 语

随着信息技术的高速发展和突破性应用，商业银行每天都有海量的数据产生。在大数据的背景下，对这些数据不断进行清洗、治理、整合，进而统计、分析、挖掘，持续为商业银行服务与决策提供指导，使许多之前业务模式中的问题得以解决。

人工智能在银行业的应用是全方位的。在智能客服方面，通过从业者对产业的理解和对问题进行设定，融合自然语言处理和语音识别技术，人机交互得以实现，达到一个新的里程碑。人工智能在智能语音导航、语音质检、智能外呼等方向应用的不断扩展降低了银行业的运营成本，提升了用户的体验质量；在智能渠道方面，生物特征识别与OCR等技术的发展使得智能柜台得以出现，改善了网点的经营模式、服务格局，也决定了新的网点发展理念诞生；在智能营销方面，利用大数据技术建立精准、实时更新的用户画像，并通过人工智能在推荐领域的发展，使得被动的"任务式"营销开始转变为主动的千人千面精准营销，对客户"投其所好"；在智能投资方面，人工智能让机器具备自我学习能力、语言识别能力和专家知识，根据市场、舆情及知识储备进行高频次的自主预测、决策和执行交易；在智能风控方面，机器学习技术与专家规则结合，提供了一种贯穿事前预警与反欺诈、事中监控和事后分析全业务流程的风控手段；在智能运营方面，AIOps系统对核心指标进行实时监测，针对异常及时提供预警，并通过根因分析快速定位问题，尽最大可能防止银行和客户出现损失。

此外，人工智能技术仍然处于井喷式的发展状态，在我们编写本书期间，又有许多会改变未来的技术成果诞生。多模态领域的研究将视频、图片、文字与表格数据通过数值嵌入化（Embedding）相互打通，使得各种形态的数据结合成为可能；因果推断技术将机器学习中对数据和任务相关性的研究转变为因果性的研究，使得机器学习的推断过程不再像"黑盒子"一般，能逻辑清晰地服务于使用方；多目标优化的发展使得相关从业者不再会在多个不同的评估指标之间难以取舍，打造出最符合场景要求的模型。ChatGPT 大模型的出现，让机器能够更好地感知人类想法，不仅会极大助力内容生成，更激发了人类对 AI 能力的想象。人工智能技术的发展成果还有很多，在此不再一一赘述，但毋庸置疑，所有这些技术的更新和迭代，必然可以更好地服务于商业银行的发展，而商业银行的优质环境，也将推动人工智能技术的不断进步。

综上所述，人工智能的发展为商业银行的业务提供了不少便利，人工智能技术已经融入商业银行的方方面面。在这样的背景下，一方面，商业银行需要积极思考银行业与人工智能技术的互补性，在现有的落地场景下不断优化，并积极开拓新的应用方向；另一方面，商业银行也应该加快对相关技术人才的引进和培养，从业者亦不可故步自封，而要坚持自我学习以适应环境大潮，通过技术手段实现大数据的治理，不断更新机制，深入开发商业银行中的各项业务，加深人工智能与商业银行的融合，为商业银行打造出更加适合社会发展的应用范畴，为用户提供更好的体验，为行业谋求更好的发展。希望读者在阅读本书之后，能够在上述方向有所启发。

参考文献

[1] http://www.pbc.gov.cn/goutongjiaoliu/113456/113469/3307529/index.html.

[2] http://www.pbc.gov.cn/goutongjiaoliu/113456/113469/3933971/index.html.

[3] MANNING C D, SCHUTZE H. 统计自然语言处理基础 [M]. 苑春法，李庆中，王昀，等译. 北京：电子工业出版社，2005：335-337.

[4] KRIZHEVSKY A, SUTSKEVER I, HINTON G E, et al. Imagenet Classification with Deep Convolutional Neural Networks[C]. Neural Information Processing Systems, 2012: 1097-1105.

[5] SIMONYAN K, ZISSERMAN A. Very Deep Convolutional Networks for Large-Scale Image Recognition[J]. arXiv:1409.1556, 2014.

[6] SZEGEDY C, LIU W, JIA Y, et al. Going Deeper with Convolutions[J]. IEEE Computer Society, 2014.

[7] RAISI Z, NAIEL M A, FIEGUTH P, et al. Text detection and recognition in the wild: a review[J]. arXiv:2006.04305, 2020.

[8] 刘开瑛，郭炳炎. 自然语言处理 [M]. 北京：科学出版社，1991.

[9] 陈大值. 知识图谱在银行业的应用场景及可行性研究 [J]. 中国金融电脑，2019（2）：5.

[10] 张忠宝. 关于人脸识别技术在商业银行方面的应用：基于计算机视觉 [J]. 计算机光盘软件与应用，2012（20）：2.

[11] 周志华. 机器学习 [M]. 北京：清华大学出版社，2016.

[12] 郭非. 人工智能在商业银行中的应用 [J]. 现代商贸工业，2018，039（030）：110-111.

[13] 孙鸿宇，何远，王基策，等. 人工智能技术在安全漏洞领域的应用 [J]. 通信学报，2018，39（08）：1-17.

[14] 魏薇，景慧昀，牛金行. 人工智能数据安全风险及治理 [J]. 中国信息安全，2020（03）：82-85.

[15] MENG D, CHEN H. MagNet: a two-pronged defense against adversarial examples[C]//Proceedings of the 2017 ACM SIGSAC conference on computer and communications security. 2017: 135-147.

[16] PAPERNOT N, SONG S, MIRONOV I, et al. Scalable private learning with PATE[J].

arXiv: 1802.08908, 2018.

[17] http://www.pbc.gov.cn/goutongjiaoliu/113456/113469/3307529/index.html.

[18] http://www.pbc.gov.cn/goutongjiaoliu/113456/113469/3529600/index.html.

[19] http://www.pbc.gov.cn/zhengwugongkai/127924/128038/128109/3886683/index.html.

[20] ROCKAS A T, TUCHMAN D S, CHIEM T D ."FINRA Provides Guidance on Effective Supervision and Control Practices for Firms Engaging in Algorithmic Trading Strategies"[M]. Pittsburgh: Academic Press，1981.

[21] https://www.imf.org/en/Publications/Policy-Papers/Issues/2019/06/27/Fintech-The-Experience-So-Far-47056/.

[22] 信通院. 人工智能发展白皮书——技术架构篇（2018年）[J]. 机器人技术与应用，2018（5）：3-3.

[23] 许子明，田杨锋. 云计算的发展历史及其应用[J]. 信息记录材料，2018，19（8）：66-67.

[24] 田恬. 英国皇家学会发布新的调研项目：机器学习[J]. 科技导报，2016，34（3）：93-93.

[25] 陈先昌. 基于卷积神经网络的深度学习算法与应用研究[D]. 杭州：浙江工商大学，2014.

[26] MOHRI M, ROSTAMIZADEH A, TALWALKAR A. Foundations of machine learning[M]. Boston：The MIT Press, 2012:23-52.

[27] LECUN Y, BENGIO Y, HINTON G. Deep learning.[J]. Nature, 2015, 521(7553):436-44.

[28] BAXTER B J. Theoretical Models of Learning to Learn[J]. Boston : Kluwer Academic Publishers, 1998.

[29] 邱锡鹏. 神经网络与深度学习[J]. 中文信息学报，2020（7）：1.

[30] SUTTON R S, BARTO A G. Reinforcement learning: an introduction[M]. Boston:MIT press, 2018.

[31] LINDE G S, et al. Amazon.com recommendations: item-to-item collaborative filtering[J]. Internet Computing, IEEE, 2003, 7(1):76-80.

[32] ADOMAVICIUS G, TUZHILIN A. Toward the next generation of recommender systems: A survey of the state-of-the-art and possible extensions[J]. IEEE transactions on knowledge and data engineering, 2005, 17(6):734-749.

[33] SARWAR B, KARYPIS G, KONSTAN J, et al. Item-based collaborative filtering recommendation algorithms[C]. Hong Kong:Proceeding of the 10th conference on Word Wide Web, 2001:285-295.

[34] HERLOCKER J, KONSTAN J A, BORCHERS, et al. Algorithmic framework for performancing collaborative filtering[C].Berkeley: In Proceedings of the 22nd ACM Conference on Research and Development in Information Retrieval (SIGIR'99), 1999:230-237.

资本的游戏

书号	书名	定价	作者
978-7-111-62403-5	货币变局：洞悉国际强势货币交替	69.00	（美）巴里·艾肯格林
978-7-111-39155-5	这次不一样：八百年金融危机史（珍藏版）	59.90	（美）卡门 M. 莱茵哈特　肯尼斯 S. 罗格夫
978-7-111-62630-5	布雷顿森林货币战：美元如何统治世界（典藏版）	69.00	（美）本·斯泰尔
978-7-111-51779-5	金融危机简史：2000年来的投机、狂热与崩溃	49.00	（英）鲍勃·斯瓦卢普
978-7-111-53472-3	货币政治：汇率政策的政治经济学	49.00	（美）杰弗里 A. 弗里登
978-7-111-52984-2	货币放水的尽头：还有什么能拯救停滞的经济	39.00	（英）简世勋
978-7-111-57923-6	欧元危机：共同货币阴影下的欧洲	59.00	（美）约瑟夫 E.斯蒂格利茨
978-7-111-47393-0	巴塞尔之塔：揭秘国际清算银行主导的世界	69.00	（美）亚当·拉伯
978-7-111-53101-2	货币围城	59.00	（美）约翰·莫尔丁　乔纳森·泰珀
978-7-111-49837-7	日美金融战的真相	45.00	（日）久保田勇夫